奇跡を生きた男の物語

理学博士
岡部　薫
Okabe Kaoru

たま出版

第一章　臨終からの生還

私は、大正一〇年（一九二一年）に鳥取砂丘に近い草深い寒村で生まれた。

そのころは、「赤とんぼ」「月の砂漠」「叱られて」「青い目の人形」といった曲が数多く作られた平和な時代だった。

私の父、西村敏吉（私の現在の姓は岡部だが、生家は「西村」姓である）は、日露戦争時代には鬼軍曹と言われた、連隊一の豪傑だった。銃剣術の試合で木銃が菱形に裂けたことから、「菱形軍曹」と呼ばれていた。

肋木《ろくぼく》という体操器具がある。直径三センチ×長さ一メートルほどの丸棒を一〇センチ間隔で組み立てた梯子《はしご》状の器具だが、その肋木に横T字形に体を支えながら十数回も上下運動を行なうなど、神業《かみわざ》的な運動能力を持っていた。器械体操では、片手倒立・片手車輪を行なって連隊を驚かせたこともある。

そんな豪傑だったので、父は鳥取四〇連隊に入隊してすぐに銃剣術師範、機械体操師範を命ぜられ、特務曹長になった。除隊後、村の相撲大会での優勝者は常に父だった。

その後、父は西村土木という会社を創設して事業を始めた。

鳥取市郊外に郡家《こおげ》という村がある。父はその村の河川工事を入札で引き受けた。入札というのは賭博的なもので、引き受けた金額以上に出費すれば損を出し、入札金額以内になれば利益となる。

工事の内容は、川底を五〇センチほど掘り下げ、川岸を石垣で組むというものだったが、川を掘り始めたところ、大量の石が出てきたことから、石垣用の石がただで手に入る結果となり、莫大な利益を得た。

次の工事は、山の中腹をL形に切り掘りして道路を造る仕事だった。

掘り出した土はすべて砥石になる土だったことから、父は砥石工場を創立した。本来なら土など捨てるしかないのだが、それが砥石としての価値があったため、これも大きな利益となった。

次に引き受けたのは、山の上の部分を削り取って学校を建設する工事だった。その山の大半が砂だったため、今度はその砂を売って、またまた大きな利益を得た。

こうして、わずか二年ほどで西村土木は山陰一の業者となり、父は大親分にのし上がっていった。また、学校、警察署、役場、寺院などに多額な寄付をして、村に大きな貢献を果たしたのである。

母、西村きぬは、私を出産してから産後の肥立ちが悪く、重病者になって年中入院していた。そのため、近郷の三尾《みお》村から来た、中村つうという十五歳の少女が、生まれて間もない私の面倒を見てくれることになった。

つうは成人並みの体格の持ち主で、五〇キロの米俵二俵を軽々と持つことができる人だったが、とても優しい人で、みんなに好かれていた。

もともと母は病気がちだったから、健康な子が生まれるはずがない。赤子の私は吹き出物だらけで、黄色い膿が全身から流れていたため、私とつうのいる部屋にはだれも近寄らなかった。

頭にできた無数の吹き出物を治療するため、コールタールを塗布されたが、髪の毛が伸びると突っ張って帽子のようになってしまう。そのこびりついたコールタールを除去するのが、つうの大仕事だった。

頭が痒いと言っては泣き叫ぶ私をどうすることもできず、私を抱きながら、つうも泣いていた。

ミルクを与えても、幽門が宿便で詰まっていたため、吐き出してしまう。腸も宿便が残留しているためにウンチが出ず、毎日浣腸されていた。

このように、私は小児病で痛い目に遭ったわけだが、このことが後年、分娩直後に出る黒便が全部出ないで宿便として残留し、それが小児病の根源であることを発見することにつながった。

当時は、小児の宿便清掃法をだれも知らなかったので、自然治癒力に頼るよりほかに方法がなかったのである。私はもちろんのこと、つうも苦しかったろうと思う。

つうは、ことあるごとに私を守ってくれた。

私が父に叱られ、指の跡が残るほど尻を叩かれたとき、

「旦那さま、何をするんです。しつけは私がします」

と言いながら、つうが走り寄ってきてくれたこともある。

つうは泣いている私を抱いて、汽車道（駅構内にあった子どもの遊び場）へ連れていき、

「青い目の人形」を歌ってくれた。吹雪の夜には、自分の乳房の中に私を包み込んで眠らせてくれた。

四歳になったころの私は、草花や芝生が好きだった。スミレの花が特に好きだった。

子どもたちが兵隊ゴッコをして走り回り、スミレの花が踏みつぶされたのを見た私は、花びらを小さな指で撫でながら、シクシクと泣いたこともある。

五歳のころ、汽車道で遊んでいたときのことだ。そのころは、信号機の腕の部分の根元に赤と青の板ガラスが取り付けられていて、腕が上がると赤、下にさがると青になる仕組みになっていた。信号機の腕の上げ下げによってライトの前に来る板が変わり、それによって信号機の色も変わるというわけだ。

その色ガラスを太陽の光が通り、地面に赤と青の影を落とす。幼い私には影の色とはわからず、赤い土と青い土だと思い込み、それを小さなポケットに入れて持ち帰った。

「美しい土を見つけたよ」

そう言ってつうに見せようとして、自分自身がビックリした。普通の土だったのだ。つうは言った。

「そんな土はどこにでもある。捨ててきなさい。だれにも話してはいけません」

私は得心がいかなかったので、汽車道に戻ってみた。すると、色の付いている土の横に、自分の掘った小さな穴があった。自分の誤りがわかった。的外れな所を掘ったに違いない。

そこで、今度は誤りのないように注意しながら赤と青の土を再度掘った。

家に帰り、確認してからつうに見せようと思って土を取り出してみた。おかしい。色が付いていない。自分の掘った場所に誤りはなかったのに、なぜだろう……。一番信頼していたつうにも話せない。一人で悩み続けた。

雨の日や天気の悪い日はもちろんのことだが、天気がよくても色の付いた土が見えない日があった。何回も何回も汽車道まで見に行った。なぜだろう……。ほかの子どもたちは何も疑問を抱かないようだが、私は頭がパンクするほど、何年も何年も悩み続けたのだった。

別のことで悩んだこともある。

雨降りのとき、水たまりに雨が落ちると、ピコンと水が跳ね上がる。なぜピコンと跳ね上がるのか。きっと泥の中に何かあるのだろうと思って指を入れてみた。が、何もない。

「何しているの。傘をさしなさい。濡れるでしょ」

つうにそう言われたが、その傘を水たまりにさしてみた。しかし、〝ピコン〟がない。

「傘の下はピコンがないの？」

と尋ねると、

「そんなこと、だれにも聞くんじゃないよ」

と、口止めをされた。

だれにも尋ねることができないのはなぜだろう……。

こうして何年も悩んだのだった。

また、大風のときに電線から音が出るのも私には不思議だった。

電線はなぜ音を出すのだろうか。考えてみれば、汽車に乗っているときもトンネルに入るとゴーッと大きな音がするが、トンネル内にも電線が入っているから（汽車道に沿って駅と駅の連絡のための電話と電灯の線が配線されており、トンネルに近づくと、それらの線が結束されてトンネルの壁に取り付けられていた）、それが音を出すに違いない。そう思ってつうに肩車をしてもらいながらトンネルの中に入り、電線に耳をつけてみた。しかし、音はしなかった。

「何しているの？」

つうに聞かれたが、私は答えなかった。だれにも尋ねてはいけないものだと思ったからだ。

結局、「なぜだろう？」は消えないまま、私の中に残った。そしてこの「なぜだろう？」は、次から次に私の前に現れ、何一つ解決したことはなかったのだった。

六歳のときのことだ。家の前を、私と同じぐらいの年齢の見知らぬ男の子が小さな籠《かご》をさげて通り過ぎていった。

そのとき母が、

「あの籠の中に白と赤の餅が二つ入っている。宇都野神社に奉納しに行くところだよ」

と言った。

私は本当かなと思い、男の子の後をついて行った。神社に着くと、男の子が籠から何かを取り出した。白と赤の二つの餅である。母が言ったとおりだった。なぜわかるのだろう……。またしても疑問符が私の頭の中を駆けめぐった。

あるとき、鳥取の桜土手を母に連れられて歩いた。私は母の着る羽織の袖を必死で握りながら、引きずられるようにして歩いた。その羽織の柄は黒地に松葉が描かれたもので、白ぬきに染められていた。

それから数年後、虫干しをしたときのことである。部屋の中に紐を張り、しまってある衣服を出してその紐にかけて干すのだが、あのときの羽織が干してあるのを見て私は母に言った。

「お母さん、この羽織は私が五歳のころ、鳥取の桜土手を歩いていたときにお母さんが着ていたものだね」

母は、

「変な子だ。そんなこと、よく覚えていたね」

と言った。

あのとき、もしも手が離れたら捨て子にされるに違いないと思った私は、必死の思いで羽織の袖だけを見ていたのだ。だから、柄を記憶していたのである。

七歳のとき、御大典記念（昭和天皇が即位された記念）の行事があって、村中で祝った。仮装行列が行なわれ、兄が女学生の制服を着てバイオリンを弾きながら行列の中にいた。石油ランプが使われていた当時の村では、初めて見る行事だった。

次の年、その行事が来るのを心待ちにしていたが、なぜか来ない。正月や海水浴などは必ず繰り返しやって来るのに、なぜあの行事は来ないのだろう。

思い切って父に尋ねてみた。

「お前はバカだな。人に尋ねるんじゃない」

そんな答えが返ってきた。以来、だれにも尋ねることのできない日々を送ったのだった。

八歳になった。私を含めた小学一年生三〇名が、先生に引率されて塩谷海水浴場に行った。その海で桃拾いが行なわれた。

生徒の人数分だけ桃が海に投げ入れられ、私たちは笛を合図に海に入り、それぞれ一個だけ拾って浜辺に戻るという遊びだった。

私はモタモタしていて桃を拾うことができず、泣いていた。そのとき、一緒に付いてきてくれたつうが、衣服を着たまま海へ飛び込み、桃を拾ってくれた。私は嬉しくて桃を胸に抱きしめ、つうにありがとうとお礼を言った。桃は何日も話し相手になってくれた。

また、こんなこともあった。つうの村で運動会があるというので、つうは五キロの岬道を、私をおんぶして連れていってくれた。そして、スプーン競技でもらった賞品の鉛筆を私にくれたのである。

その鉛筆を、私は何年も机の中に保管していた。私の大切な宝物だったのだ。

つうがお嫁にゆくため家から去ったとき、とても悲しかった。鉛筆を抱いて一晩中泣いていた。夏が来ると桃拾いを、秋が来るとつうの運動会を思い出した。

後年、つうに会いに行ったが、すでにこの世を去っていた。私は、つうの墓前に思い出の鉛筆を立てて祈りを捧げた。

「つうさん、泣き虫の私をかわいがってくれてありがとう。いつの日か、あの世で会いましょう。安らかにお休みください」

そう言って、つうと鉛筆にさよならをしたのだった。


つうが家を去ったころ、しばらくは学校に行ってもつうのことばかり考えていた。

教室の窓の向こうに愛宕山が見える。山の林が風で動いている。なぜ動くのだろう……。そんなことばかり考えていたから、試験の答案用紙はいつも白紙だった。

三年生の終了時に、通信簿に赤で不合格の判が押されていた。父はそれを見て私を学校へ連れて行き、校長に会うと怒鳴った。

「この校舎の大半はわしが寄付したものだ。にもかかわらず、わしの子を不合格にするとは何ごとだ！」

就任したての校長は、「生徒を不合格にしない方針だから」と言って、不合格を修正してくれた。

十二歳のころのことである。父の部屋に大きな金庫があり、その中にはお金ではなく工事用のダイナマイトが保管されていた。ダイヤル式の頑丈な扉が付いていた。ダイヤルを数回まわして0に合わせ、右に5、左に10、右に8にする仕組みを、金庫の業者が父に教えていた。

ところが、その後、金庫を開けようとしても、何度やっても開けられない事態が起こった。開けられるはずの業者を呼んでもダメ。こうなったらドアを焼き切るしかないが、金庫の中には工事用の爆薬が大量に入っているため、火は使えない。工事には期限があるから、できるだけ早く金庫を開けなければならない。上を下への大騒ぎになった。

私はそのとき思った。「金庫のダイヤルの何かが故障しているから、同じ番号では開かないのだ」と。

自分で試してみたかった。父に言っても許可は出ないと思い、父が寝たのを確認してから作業に取りかかった。

まず、ノブを開く方向に圧力を与えながら右にダイヤルを回してみた。カチッと小さな音がした。6だった。

今度は左に回してみた。10のところで音がした。次に右に回してみる。8だった。静かにドアが開いた。

業者の説明では、最初は右に5のところまでダイヤルを回すということだったが、それが何か不具合があって1ノッチずれたのだ。私はドアを開いたままにしておいた。

「ドアが開いている。だれが開けたのだ？」

翌朝、父が大きな声で怒鳴っていたが、私は金一封をもらえると思い、得意顔で父に言った。

「私が開けました」

すると、父はほめてくれるどころか、こう言ったのだった。

「お前は泥棒学校にでも行ったのか。このバカヤロウ、金庫なんかさわるんじゃない！」

私はガックリして、「スミマセン」と頭を下げた。

業者の人が来て、開いている金庫を見て驚いた顔をした。

「戸が開いたんですか。よかったですね。どうしたら開いたのですか」

「ダイヤルの5が少しずれていたようで、6にしたら開いた。中をよく調べてくれ」

父はそう言った。子どもが開けたとは言えなかったようだ。父は何を思ったのか、お前が開けたと言うなよと言って、私に一〇銭くれた。

父は一年に一回、川下祭りの日になると私に二銭くれる。だから、一〇銭といったら当時の私にとっては大金だったと思う。父は、子どもにはほとんどお金を与えなかったが、寺には一〇〇円を寄付している。今の金に換算すると、三〇〇〇万円ほどになるだろう。

そのころ、名古屋の大学にいた長兄が、勉強が遅れている私のことを心配して帰ってきてくれた。

長兄を家庭教師として勉強が始まった。

「一個のパン二分の一と、四分の一では、どちらが大きいか」

二より四が大きいと思ったので、私は四分の一が大きいと答えた。

兄は二つのパンを机の上に置き、二分の一のパンと四分の一のパンを私に見せて、誤りを教えてくれた。不合格の烙印を押された私の頭の中に、数学がどんどん浸透してきた。

闇の中で輝かしい光を見たような気がした。

長兄が名古屋に帰ってから、本格的に自分の勉強が始まった。

暗くなるとランプでは本が読みにくいので、明るい間だけ勉強した。四年生の勉強、五年生の勉強……と続き、兄が中学で使用していた参考書も面白いほど頭の中に入ってきた。兄が使っていた塚本哲三の『幾何学入門』もマスターした。

英単語の発音は習っていないので読めないため、「This is a pen.」を、「ティー・エイチ・アイ・エス……」と、アルファベットで覚えていった。

三省堂のコンサイス英和辞典には、二ページ目の上から五行目に「aback（後ろに）」、四ページ目には「about face（回れ右）」、一二ページ目には「act（行い）」が載っていたのをいまでも覚えている。毎日毎日、辞典を読んだ。ページごとに必要だと思われる単語を暗記して、二万個は暗記した。

そのころ不思議なことが始まった。

勉強していてだんだん暗くなったので目を閉じ、今日勉強したことを考えていたとき、何かがまぶたの裏に見えるのである。読んだ本が写っている！　一二六ページだ。頭の中でそーっとページをめくってみた。一二七ページも写っている。一二八ページも見える。

ところが、一二九ページはめくれなかった。次のページも写っていない。

そうだ！　さっき読んだのは一二八ページまでだった。読んだものは写るが、読んでいないページは見えないのだ。これはどうしたことだ。大変なことになったと思った。本を一〇〇ページ読んだら、その一〇〇ページすべてが頭に写るんかしら……。おそらく私は病気になってしまったのだ。そう考えて、しばらく休むことにした。

家の前に宇都野神社がある。神社の裏に湧水湖があって、美しい水で満ちていた。湖面には緑豊かな山々と青空が映っている。湖畔にはネコヤナギの可憐な花が咲き、いつも私をやさしく迎えてくれた。静かにほころぶネコヤナギの花……。吉田絃二朗の詩集に載っていた蓮の花や花菖蒲は、泥水の中でなぜ美しい花を咲かせるのだろう……。そんな思いにふけったりした。

そのころ、夏休みの宿題で作文があった。私の作文は一等になって教室の壁に長い間貼られていた。

作文　あられ雪

五年　さくら組　西村　薫

雪の多い村で育った私は、雪が好きだった。雪が降ると、いつも独りぼっちの私に雪の友だちがたくさん遊びにきてくれるからだ。雪は幾つもの姿をしている。その中でもあられ雪が好きだった。

空を見上げると、あられ雪が空一面に乱舞している。すごい数だ。どこに落ちるかしらと追いかけてみたが、見失ってしまう。私の小さな長靴の中にあられ雪が飛び込んできた。遠いところから来たのだろう。何か話しかけたそうに私を見上げている。コロコロ回りながら足跡の中に入ってくる。

一刻晴れると、あられ雪は薄い水色になって光り輝いている。ひと握り持ち帰り、数えてみたら五〇を数えたころに溶けてしまった。お母さんは、私の小さな指を眺めていたが、「あられ雪が元の姿に帰ったんだね」と言った。

窓の外を見ると、レンゲ畑も愛宕山も真っ白だ。あられ雪は何個落ちてきたのかしら……。語るわけでもない。動くわけでもない。燃えるわけでもない。あられ雪は私を温かく迎えてくれた。

家の前に愛宕山がある。山の裾に藪があり、その中を進むと小さな空き地があって、春のころは柔らかい芝生が密生していた。そこは、私が発見した勉強部屋でもあった。芝生の上に寝転がる。周囲は藪で囲まれ、山陰線を走る汽車の音、日本海の波の音、小鳥たちのさえずりだけが聞こえてくる。全くの別天地だった。

青い空を見ていると、頭の中に教科書が写っている。ページをめくると、一四〇ページの右角が折れていた。家に帰って確認すると、本当にそのページが折れていた。私は本を暗記したのではなかった。本が頭の中に写っているのだ。私は天才ではない。勉強のしすぎで病気になったのだろうか……。

地理のテストがあった。「桐生について記せ」という問題である。頭の中に教科書のページがそのまま写るのだから、一字一句、文章の行も列も教科書のとおり書いて提出した。すると、担任の下田先生からメチャメチャに叱られた。

「お前の答案はナンジャ！　教科書を丸写ししたのだろう。バカヤロウ！」

頭に写っているものをそのまま書いたとは言えないので、私は黙っていた。しかし、先生は私が教科書を持ち込んでカンニングしたと言うのである。当時、教師というのは絶対的な存在であり、「師の影を踏んでもならぬ」と教えられていたので、口応えは許されなかった。しかし、カンニングをしたと言われたのでは私のプライドが守れない。大変な努力だったが、私は意を決して言った。

「先生、私はカンニングしていません」

先生は声を大にして言った。

「お前の答案は行や列まで教科書とまったく同じではないか」

「先生、では申し上げます。第一行目は群馬県の『群』から始まり、第二行目は『全国』という言葉から始まり、第三行目は世界の『世』から始まり、最後は『日本一の絹織物の産地である』……」

私は、頭の中に写っている内容をそのまま読み上げた。

結局、私の疑いは晴れて無罪放免されたのだが、それ以降、解答を書くときは教科書どおりにはしないで、少し変えて書くようにした。後年受けた検定試験の答案も同様にした。

その頃、営林署の役人で山田という人が前の借家に赴任して来た。山田さんは、娘である十歳の郁子さんをつれて挨拶に来た。当時、父は山を多く持っていて、営林署とも深い関わりがあった。

山田さんによると、娘の郁子さんはお母さんと死に別れ、父の手一つで育てられてきたという。

「この子はひとりぽっちでいます。どうか、よい遊び相手になってやってください」

こうして、私と郁子さんとのつきあいが始まった。折り紙を教えてくれと言われれば、折り紙の本を読みながら折り方を教えてあげた。『イソップ物語』、『アルプスの少女ハイジ』などを読んであげたり、お話をしてあげたりしたが、彼女は私のことをいつも「お兄さま」「お兄さま」と呼んで慕ってくれた。つうを失ってしょんぼりしていた私の心の中に二人目のつうが現れ、私は彼女を日に日に好きになっていった。

それから二年ほどが過ぎて、そろそろ小学校も卒業しようかという年ごろになったとき、あれほど好きだった郁子さんの顔を見ると、なぜか息苦しさを感じるようになった。

「お兄さま、今何を考えているの？」

と言って抱きつかれたとき、倒れそうになるほど大きな衝撃を受けた。私は心の動揺を見られないようにその場はすませたが、これは大変だ、初恋なのかもしれないと思った。

それからは、遠くから郁子さんをながめるようにした。

私は、検定試験（詳しくは後述）の準備をするからと彼女に伝え、東京の兄のところに世話になることにした。

二ヶ月ほどそこにいて、実家に帰る前、郁子さんに手紙を書いた。それが彼女への、最初で最後の手紙である。

「大好きな郁子さん、お元気でしたか。離れていても、郁子さんを身近に感じます。初めて会ったとき、鶴の折り方を教えてくれと言われたので、本を読んで教えてあげましたね。中学へ進学なさって少し遠い人になりましたが、制服姿はとても素敵でした。早く逢いたいです。貴女《あなた》が成人になるまで、兄になってあげます」

一緒にいるときは「好きです」と言えなかったのにと思いながら、その手紙をポストに入れた。そして、彼女のいる浜坂へ帰った。

浜坂へ帰ると、さっそく郁子さんが訪ねてきた。

「お兄さま、お帰りなさい。とても寂しかったわ。もう、どこにも行かないで……。それから、お手紙、どうもありがとう。私、嬉しくて、嬉しくて、何度も読んだわ。お兄さまが話してくださった、つうさまの鉛筆と同じように、この手紙は私の宝物です」

そう言って小さなため息をつくと、私に尋ねた。

「ひとつ、質問させてください。お手紙の終わりに、『私が成人するまで…』ってあったけど、少し変だわ。成人したら、私と別れるということなのですか?」

「そんなこと、夢にも思ったことありません。郁子さんはお母さまがいないから、成人なさったら、お母さま役に格上げさせてもらおうと思ったのです」

「そうだったの……。わかった。とても嬉しいわ。では、今日からお母さま役を兼任してください。約束よ。お兄さまが東京へ行かれた日、私、悲しくて泣いていました。そのとき、父がこう言ったのです。『お前が十歳の時に西村君に家庭教師をお願いして以来、すごく元気になって進学できた、西村君のおかげだ。学校から帰ると、「お兄さまのところに行くわ」と走っていく、その後ろ姿を嬉しく見ていた。西村君は、高文と言って、東大生でも合格しない大変な受験をしているのだから、お前が邪魔にならないようにしなさい』。……私は、お兄さまがとても優しいので甘えていました。ごめんなさい」

「ごめんなさいなんて、言わないでください。私は、つうがお嫁になって私から去ってしまい、とても寂しかった。貴女《あなた》と出会えて本当によかったと思っています。東京に行ったのは田舎の図書館にない本を見るためであって、邪魔になるからではありません」

そう言って、私は苦しい言い訳をした。とても本当の理由は話せなかった。

「よかったわ、そのこと、父に話しておいてくださいね」

彼女はいかにも安心したといった表情になり、微笑みながら付け加えた。

「お兄さまの最後の受験だから、これからは宿題のときだけにします。——それから、お手紙の中で、私が進学して遠い人になった、と書いてありましたが、あれはどういう意味だったのかしら?」

「それは、貴女《あなた》が立派になられたので、そのお祝いの意味です」

「わかりました。でも、これからは『おめでとう』だけにしてね」


昭和初期の頃の女学校の制服は、いかにも深窓に育ったお嬢さま、といった品格があり、実に素敵だった。

絵が好きだった私は、想像で彼女の制服姿を描いてみた。

それを見た郁子さんは、「あら、私の絵だわ」と言って喜んだ。

「私を描いてくださったのね。素敵だわ。でも、こんな美人じゃないわよ。……でも、とっても嬉しいわ。いただいてもいいかしら」

「よろしければどうぞ。でも、この絵は想像で描いたもので、貴女《あなた》の本当の美しさが出ていません、モデルになってくだされば嬉しいのですが……」

「お兄さま、他人行儀なこと言わないでください。お兄さまが望まれるなら、どんなモデルでもなってあげるわ。いつでも申しつけてください」

彼女が快諾してくれたことが嬉しかった。

「ところで、この宿題を教えてくださる?」

それは、ピタゴラスの定理の解読だった。東京から帰ったあと、私は再び彼女の家庭教師役を引き受けており、楽しい日が続いていたのである。

鳥取駅、午前七時。その時刻は、鳥取第一中学校、第二中学校、鳥取高等女学校、鳥取技芸学校、鳥取農業学校の生徒たちで道路は満杯である。私は勉強が好きだったが、父の許可がないため中学には行けなかった。こんなに生徒が大勢いるのに、私一人、進学できないのが悲しかった。

父が私の中学進学を許可しなかったのには、わけがあった。

父の兄・西村初太郎は、茨城県の龍ヶ崎中学（現在の竜ケ崎第一高等学校）に数学の教師として勤めていた。学校に野球部を創設して地区大会に五年連続優勝し、ついには甲子園出場まで果たした。

ところが、初太郎は共産主義者であるという疑いを持たれ、憲兵に逮捕されて、挙げ句の果てに銃殺されてしまったのだ。遺骨はゴミとして処分されてしまい、西村家の墓には戒名も名前も記入することさえできなかったのである。

すでに述べたように、父は日露戦争時代、特務曹長として従軍した精神力の強い人だったが、その父が何日も何日も泣いたのだった。よほど悔しかったのだと思う。

初太郎が銃殺されて数年後、野球部のOBが結集して、「恩師である西村先生の偉業を後世に残すために」ということで資金を集め、球場のキャッチャーが座る場所の後ろのほうに銅像を建てた。

除幕式には、初太郎の弟である私の父・西村敏吉が招待された。浜坂役場の係の人が、汽車のキップと宿泊券、その旅費、金一封を持ってきてくれたが、父は山陰線の餘部《あまるべ》鉄橋の大工事を請けていたので、どうしても出席することができなかった。初太郎が銃殺されたときは何日も泣いたほどだから、父はどんなに出席したかったことか……。

やっと建造された西村初太郎の銅像だったが、戦争のため、結局は軍に奉納されてしまった。

終戦後、龍ヶ崎中学のOBが再度資金を調達して、今度は五トンもの重さの石碑を以前と同じ場所に建造した。それが現在も残っている（次ページ、朝日新聞の特集記事の写真）。

私は現地に行き（一九九〇年七月）、石碑の写真を撮った。そのとき、野球の練習を見ていた教師が私を見てこう言った。

「きみ、きみ。無断で校庭に入るとは何ごとだ。出て行け」

私はびっくりした。

「入ったといってもほんの数秒間。それに、この石碑は私の叔父なんです」と言いたかった。

とはいえ、たとえ短い時間でも無断で入ったことは悪いと思い、「スミマセン」と一礼して石碑を振り返りながらその場を去ったのだった。

叔父・西村初太郎は銃殺されるような悪い人ではなく、偉大な人だった。

幻の夏〈上〉

85年前の竜中野球部

西村精神

厳しさと優しさ両立

グラウンド脇にたたずむ石碑に、練習を終えた竜ケ崎一の選手たちが整列して深々と一礼する。碑が建てられた1962（昭和37）年以来、今も続く竜一の伝統だ。小池晃大主将は「一日練習できた感謝と、甲子園出場への願いをこめます」と話す。

碑に刻まれた文字は「偉なるかな西村精神　連続優勝実に五回」。旧制竜ケ崎中時代に5年連続して関東大会を制し、全国大会出場に導いた西村初太郎氏をたたえたものだ。

碑の建立は「学生野球の父」と呼ばれる飛田穂洲氏の願いでもあった。学生時代に面識があり、西村氏から感化を受けた飛田氏が、竜一関係者に「野球部の衰微は開祖の霊を祭る礼を忘れたため」と苦言を呈したのがきっかけだった。竜一はそれまで40年全国大会から遠ざかっていたからだ。

西村氏の石碑の前で、宮本正和監督（右）の話を聞く竜ケ崎一の選手たち＝龍ケ崎市で

「敗者の心情　思いやるべし」

西村氏は1872（明治5）年、兵庫県浜坂町の生まれ。東京物理学校（現東京理科大）を出て、1902（明治35）年に竜ケ崎中に数学教師として赴任した。正式に野球部を創設して初代の野球部部長兼監督に就任した。

東京で製薬会社を営む岡部薫さん(81)は西村氏のおいにあたる。岡部さんは「おじさんは若い時、貨物船にもぐりこんでアメリカに渡ったと聞いている。野球の知識も本場米国で学んだのでしょう」と推測する。

詰め襟洋服にパナマ帽姿で、昼休みも放課後も指導に励んだ。指導は激烈で、「勝負に対する気持ちは『鉄の信念、火の情熱』」と称された。

ライバルの水戸勢を意識して雨でも練習は休まなかった。「このぐらいの雨がなんだ。水戸は上天気かもしれん」と選手たちを叱咤《しった》した。「凡人の練習は量でゆけ。ぶっ倒れるまでやれ」が信条。長時間の練習で倒れそうな選手に、さらにノックが打ち込まれたという。

勝った母校のファンと負けた相手校の応援団が一触即発の険悪な雰囲気になった時、西村氏は地元ファンに「勝利を喜ぶ者は、敗者の心情も思いやるべし」という趣旨の演説したというエピソードもある。

野球部OBの菅谷理一さん(80)は「練習は、親兄弟にも見せられないほどの厳しさだったと聞いている。ただし、その思いやりと優しさはだれからも愛された。厳しさと優しさの両方を両立させたのが西村精神だったのでしょう」と語る。

その「西村精神」は大正7年（1918）年に実を結ぶことになる。

◆

今年85回の記念大会を迎える高校野球選手権大会。85年前、県勢として全国大会に初めて出場を決めたのが旧竜ケ崎中だった。ところが第4回大会は米騒動で中止。試合はできなかった。当時の監督と選手を追った。

（この連載は斉藤勝寿が担当します）

父は言った。

「お前は初太郎と同じＤＮＡを引き継いでいる。学校に入って偉い人になると銃殺されるかもしれぬ」

これが、私が中学へ進学するのを父が許可しなかった理由である。私は学校に行きたかったが、断念するしかなかったのだ。

そのころ、父の身の上に大変な事件が発生した。餘部鉄橋付近のトンネル内が沈み始めたのだ。

修理をしても、また沈んでしまう。それを何度も繰り返し、とうとう西村土木は倒産してしまった。

倒産する前は、家の茶の間に二五キロの純金でできた馬の像が安置してあった。メッキではないかと思い、小刀で削ってすごく叱られた記憶がある。その置物も取られ、台だけになっていた。

また、玄関の応接間には四頭分の虎の毛皮が敷かれ、その上に十八金製の丸い大火鉢が置いてあり、来客を圧倒していたが、それもなくなってしまった。

山も畑も全部取り上げられてしまい、スッテンテンになった父は、運送店を開いた。かつての大親分が車挽きをしている姿を、町の人はどんな思いで見ていたことだろう。

そのころ、長兄が東京の駒込に住んでいたので、私はその下宿先に居候をして、普文検定試験（中学卒と同等以上の学力があるかどうかを判定する採用試験）の勉強をしていた。学校へ行けないのなら、せめて卒業資格が得られる検定試験を受けようと決めたのである。ただし、それには大変な努力が必要だった。なにせ、中学一年〜五年生まですべてを勉強して暗記しなければならないのだ。科目は全部で十二科目もあった。私は死に物狂いで勉強し、最後にはすべて合格した。

当時は、四谷の図書館に通いながら勉強していたが、駒込から市電に乗り、東大前で途中下車するため、よく東大赤門の前に長い間立っていた。

一高の制服を着た新入生が高下駄を履いて門の中へ入っていく。どんなに羨ましかったことか。私は検定試験ばかりで、夢多き学生時代とは無縁だった。

かつて小学五年生のころ、夏休みで長兄が帰省していたとき、長兄の学生友達が五人ほど遊びに来た。白地に小さな模様のある絣《かすり》を着て袴を履き、角帽姿だった。

そんな姿を見て、「今に博士になって博士の角帽をかぶってやる」と意気込んだものの、現実にはお金がなくて普通の学校には行けないのだった。

結局私は、江田島の海軍兵学校をめざすことにした。兵学校は学資が不要だったからだ。

その頃、私にとって大きな事件が起きた。

中学一年生になっていた郁子さんが、学校から出された宿題の答えを教えてくれと答案用紙を私の前に出した。

見ると、問題はごく簡単で、「私が駅に着いたとき、列車は出発していた」という文を英訳せよというものだった。私はすらすらと書いてやった。

そのとき彼女が、「列車は出発していた」という部分を先に書いて、そのあとに「私が駅に着いたとき」と書いてよいかと、英語を交えながら私に質問してきたのである。

ここで詰まってしまった。

というのも、書かれた英語はわかるものの、「this」という単語を「ティー・エイチ・

▲少年期の著者

アイ・エス」などとアルファベットで覚えてきたので、「ディス」と発音することすらも知らなかったからだ。だから、郁子さんの言う英語が私には何一つ理解できなかったのである。

「あなたが思うとおりに書いてみてください」

苦し紛れにそう言った。

書いたものはわかるので、「それでもよいです」と答えたが、中学一年生の英語がわからないのは大きなショックだった。

何万という単語を記憶していても、私の英語は零点だ。多くの検定試験を総なめした私のこれまでの勉強は、いったい何だったのか……。身も心もガタガタと崩れ落ちてしまった。

そうなると、食物も水も受けつけなくなってしまった。眠ることもできない。生きる楽しみを失った私が行く道は、「死」よりほかにないのだ。

そうこうしているうちに、ついに私は倒れてしまった。

病床にあって、一日一日、死が近づいてきた。院長は「家族の人を呼びなさい」と言った。

何人かの人が見舞いに来てくれたが、針金のように細くなった私の手足を見て、心の中で「こりゃあ、マメ（元気）にはならないよ」と囁いているのを私も心の中で聞いていた。

そうしたある夜のこと、午前二時ごろのことだった。

病室の入口から、煙のように音もなく何かが侵入してきた。人ではなく、火ノ玉のようなもので、それが二つ、フワフワと私に近づいてきたのである。

二つの火ノ玉は声を発しはしなかったが、私には火ノ玉の言葉が聞えてきた。

「そのままでは今日死ぬぞ。お前は脳に大きな衝撃を受けて、左の海馬が破裂した。出血が耳の奥に残り、ウミになっている。左の耳を下にして眠ればウミは耳の穴から出る。すぐに始めよ」

二つの火ノ玉は、やがて一〇個、二〇個と増え、その様子はまるで不動明王のようだった。

私の母は不動明王を信じ、四国にある「真《まこと》の道」という教団の信仰者だったから、それもあって私の目には火ノ玉が不動明王に見えたのかもしれない。

そばにいた母に、火ノ玉が告げた内容を伝えた。院長が、「もうすぐ死ぬから好きにしてあげましょう」と言って、三人の看護婦に手伝わせて私の体を動かそうとしたが、私の手や足が折れそうなので大変苦労していた。しかし、どうにか私の左の耳が下になるように横向きにしてくれたのだった。

翌朝のことである。耳の鼓膜が溶けていたのだろう。耳の奥のウミが大量に流れ出て敷布団がドロドロになっていた。脳膜炎になる寸前のところで、二つの火ノ玉は十四歳の私を助けてくれたのだ。しかし、左耳は聴力を失ってしまった。

その後は、日に日に健康を取り戻していった。そんな私の姿を見て、院長は何と思っただろう。奇跡そのものだった。

ところで、私の母・西村きぬは旧姓を谷口と言い、明治二十一年に谷口家の長女として生まれた。

谷口家は足利尊氏の系列で、先祖には塩谷城（現・浜坂町芦谷）の城主・塩谷諏訪守がいた。母の弟・谷口政雄は、その塩谷家を引き継いで第三十五代目の当主となっていた。

昭和七年、政雄は満州に渡り、関東軍の仕事をして数億の資金を手にした。

そのときのことである。政雄の体に神様が降りて、「この戦争は一〇年後に必ず負ける。日本に帰れ」とお告げがあったのである。

政雄が満州から浜坂に帰った日、今度は、「お前の裏庭にある神社の下に五〇センチ角×三メートルの柱が四本埋まっている。掘り出せ」と神示が下った。村中の人に協力してもらい、神社を移動して掘り始めた。

ところが、一カ月も掘ったのに何も出てこない。村の人々は、「谷口様は満州で儲けすぎて頭が狂ったんだ」と言うようになった。

政雄はみんなを集めてこう言った。

「私は狂っているのではありません。必ず柱は出てきます。続けてください。賃金は今日から倍額にします」

雇われているほうは、お金さえもらえれば文句はない。作業員にとっては柱が出てこようが出てこまいが関係ないので、近在から多くの作業員が集まり、作業が続けられた。

トロッコなどを使って石炭の露天掘りのように土を掘っていくと、約二カ月目にお告げどおりの柱が発見された。穴を整地し、移動した神社を元に戻した。

続いて第三番目の神示が出た。

政雄の家の裏山は三つとも谷口家の山林だったが、「その山林の中に方位を指すような形をした自然石がある。それを探せ」というのが今度のお告げの内容だった。

それも、多くの作業員に命じて見つけることができた。現在も注連縄《しめなわ》を張って保存されている（次ページ写真）。

さらに第四番目の神示が出た。

「その自然石の指す方向に相対する石がある。それを探せ」という内容である。

これが最後の神示だったが、作業は困難を極めた。

第三の神示で出てきた石を基点として、地図上にその石が指し示す方向にラインを引いた。ラインをたどって山も谷も民家の中も、そして中国山脈までも横断して探したが、目的の石は発見できなかった。

しかし、瀬戸内海を渡り、四国の壬生の民家にたどり着いたとき、その庭石の中に目的の石を見つけることができた。

不思議なことに、その民家の神棚は谷口家の神棚と同じだった。同じ神をまつっていたのである。政雄はその家を「真《まこと》の道教」の本部と定め、それが現在に至っている。

本部を定めた直後、私は政雄に呼び出され、谷口家の神社の前に一緒に正座した。

三〇分ほどしたとき、政雄は私に言った。

「人類のために働け」

そう言い残すと、その場で息絶えたのである。不審な死に方をしたため、警察の取り調べを受けたが、結局は急死ということで決着した。

十四歳の私には、政雄の言う意味がわからなかったので、母に尋ねてみた。

「お前は人類のために尽くす宿命を持っていると、政雄が告げたのだよ」

母はそう言った。

宿命とか人類のためとか、何のことを言っているのだろう……。

そのときは聞き流していたが、四〇年後、人類が幸せになるには胃腸と皮膚呼吸孔の掃除が第一であることに気づき、努力してその方法を発見するに至った。そのことが、叔父・政雄と母の言葉を裏付ける結果となったと言えるだろう。

しかし、その時点では先のことは何もわからなかった。実際には、長い長い茨の道を歩くことになるのだが、そのときはまだ何も知る由がなかったのである。

故郷の歌

泉のほとりで眺むれば
静かにほころぶ猫柳の花
雪融け小川の河原端
名もない里のあじ原川の
せせらぎの音

愛宕山のふもとの青い芝
幼い頃のあの思い出が

宇都野の森にこだまする
すみれの花やれんげのにおう
懐かしき故郷

浜坂の海に陽が落ちて
七つの星が見える頃
友と語った砂浜が
青く光る我が故郷の
夏の日の思い出

家路をたどる畦道や
落ち葉の小道が懐かしい
芦屋の空の茜色
まぶたに残る我が故郷の
秋の日の思い出

窓辺にささやく粉雪が
山も畑も埋め尽くし
かまどの煙があちこちに
かすかに残る我が故郷の
冬の日の思い出

駅のホームの街灯に
むらがるような牡丹雪
いつしか忘れる胸の傷
ふけゆく夜　雪降る里の
懐かしい思い出

第二章　中国への密航

昭和十三年（一九三八年）四月の半ばごろ、愛宕山の芝生の上に寝転びながら、十七歳になった私は空を見上げていた。

不思議なことがいっぱいあった十七年間……。つうのこと、片想いの女性のこと、東大の赤門の前で新入生の後ろ姿を羨ましく眺めていたこと、死の寸前に助けてくれた二つの火ノ玉……次から次へと思い出されては消えていった。遠い思い出のようでもあり、昨日のことのようにも思われる。

私は勉強のしすぎで病気になったのだから、今後は本を読むのはやめよう、大学へも行かないのに、勉強は無駄なことだから……。

そんな想いにふけってボンヤリしていたとき、花見に来ていた人の歌声が聞えてきた。

そのころ流行していた「馬賊の歌」である。

俺も行くから君も行け
狭い日本にゃ住み飽いた
海の彼方にゃ支那がある
支那にゃ四億の民が待つ

それは石屋のもーちゃん達の声だった。

その歌を聞いた瞬間、全身がぶるぶると震えた。

海の向こうに支那がある、そうだ、支那に行こう。

急いで愛宕山を駆け下りた。しかし、麓には歌声の主が誰もいなかった。

ちなみに、それから四年後の海軍入隊の前日、もーちゃんに会ってその思い出を話したとき、もーちゃんが言った。

「四年前の事はよく覚えているよ。その歌は大好きで、仕事場で毎日歌っていたよ。でも、愛宕山の上までは届かないね」

「私の空耳だったのかな。それとも妄想だったのかな。……でも、その歌声のおかげで支那に行くことができ、大きな仕事ができたのです。ありがとうございました」

それから、ひと呼吸おいて私は聞いた。

「ところで、石屋の仕事は大変ですね。毎月の収入はいくらくらいですか？」

「五十円くらいかな。月給取りよりはいいよ」

「……実は私、明日入隊します。たぶん、もう会えないと思います。貴方《あなた》は作業中に足をだめにして入隊免除されたのだから、どうぞ銃後を守ってください。――これは歌を聞かせてくださったお礼です」

そう言って、私は一万円をもーちゃんに渡したのである。一万円といえば、もーちゃんの十六年ぶんの給料だった。


さて、ここで話は十七歳の愛宕山に戻って――。

かつては、一生懸命勉強して博士や外交官になれば好きな人にプロポーズできると希望に燃えていたが、もう今は何もかも失ってしまった。自分は生きている屍だ。そうだ、支那に行こう――そう決意した。

家に帰り、父に申し出た。父は、私が身も心もボロボロになっているのを見ていたこともあって、好きなようにさせてもいいと思ったのだろう。こんなことを言った。

「行ってこい。しかし、支那人は賭博好きだ。特に麻雀を愛している国民だから、麻雀には手を出すな」

結局、私は支那に四年以上いたのだが、父との約束を守って麻雀はしなかった。支那人はそんな私のことを、「ノーカンホーレンマージャン、スーシーツエン（麻雀をしない人、それは西村だ）」と言っていた。


翌五月一〇日、午前六時。通学列車で浜坂を発った。

私を育んでくれた愛宕山が遠ざかっていく。次に見る日が来るかしら……。そんな思いがよぎっていった。

列車が鳥取駅に着いた。セーラー服姿の娘さんたちが列車の窓越しに見えてきた。その中に恋しかった彼女の姿があった。彼女は連絡階段を上り始めた。私は彼女の靴のかかとが消えるまで見つめていた。

さようなら……。

こうして、私の日本での私の青春は終わりを告げたのである。

そのころ、中国に渡るには渡支証明書が必要だった。私は証明書を持っていなかったので、切符は買えない。もちろん船に乗ることも許されない。

何とか潜り込むしかない——そう決心した。

私は、長崎港で石炭を積み込む作業をしていた人夫にまじって乗船し、出港するまで石炭倉庫の中に隠れていた。

こうして、無事難関をくぐり抜けることができたのである。

船は一路、上海へ向かった。日本の島々が水平線に消えたとき、一抹の淋しさはあったが、「これでよいのだ」と自分に言い聞かせた。

何事もなく船は上海港に着いた。

「支那には四億の民が待つ」

と歌にあったが、だれ一人私を待っている者はいなかった。

さて、どうしようか。そのとき、佐藤紅緑の小説『一直線』の中に、主人公が上京してアルバイトをする内容が書かれていたことを思い出し、私もアルバイトをすることにした。

兄が使用していた古いバイオリンを持参していたので、漢文で「意あらば、我に寸志を与えたまえ」と書いた立札を立て、「蘇州夜曲」「支那の夜」「紅い睡蓮」「ホーリチンツアライ（何日君再来）」などを弾いた。五歳のころからバイオリンを習っていたので苦もなかった。

しばらくはそれで商売ができたが、一〇日目ぐらいに憲兵に発見され、内地へ強制送還されそうになった。

万事休す。

と、そのときである。

「この少年を私の会社に採用すればいかがでしょうか？」

シークレット（護衛役）を従えた中国人の少女が、私を助けてくれたのである。

少女の名前は美花《メイホン》、あとで聞くと、その時彼女は十七歳で、偶然にも私と同い年だった。シークレット役をしていたのは、劉直和《リューシンホア》という三十歳ぐらいの男性だった。当時、彼女は北京大学に通っていた。

私は、美花《メイホン》の父親が経営していた通源公司《トンウエンコンス》の雑役夫として入社させてもらった。通源公司は、徐州《シュロー》から東に五〇〇キロ離れた海州《ハイロー》にあり、中国人社員五〇名を抱える雑穀商事会社だった。

私にあてがわれた部屋は、美花《メイホン》の部屋のちょうど窓向こうにあった。しかし、雑役夫の部屋にしては立派すぎる。

「あの庭先にある物置小屋でよいです」

と、私は言った。とはいっても、「青い目の人形」と同じで言葉がわからないため、紙に英文を書いて美花《メイホン》に伝えたのである。美花《メイホン》も英文を書いて返事をしてくれた。共通の言葉がしゃべれない者同士の会話だった。

美花《メイホン》の返事はこうだった。

「何を言ってるの。人身売買で貴方《あなた》を買ったのではありません。私は父にお願いするとき、貴方《あなた》を立派な社員に教育しますと約束したのです。ですから、私が見える部屋にしました。実は、そこは先月まで私の部屋だったのです。あとは一切私に任せて。ただ一つ、私からのお願いがあります。それは、私の言うことを守ってくださること。守れそうもないときは、私が理解できるように説明してください」

これが美花《メイホン》と私の約束だった。

ところが、翌日すぐに約束を守れないことが持ち上がった。「北京官話」六冊（六年分の教科書）を与えられたのである。それを読めというのだ。目の前が真っ暗になった。

昨日約束したばかりなのに、困った。どうしよう。つうがいてくれれば相談ができただろう。しかし、私は独りぼっちだ。相談する人も話し合える人もだれもいない。私はスミレの花を恋しがるような弱い人間だ。美花《メイホン》の約束がどうしても守れない。

翌日、美花《メイホン》が学校から帰ってきたとき、私は彼女の前に正座して言った。

「お嬢さまのおっしゃることは何でもします。死ねと言われれば死にもします。でも、本は読めないのです。私は本ばかり読んで病気になり、それで日本に住めなくなって支那に逃亡してきたのです。大恩あるお嬢さまの命令であっても、これだけは守れません。許してください。赤ちゃんは本が読めなくてもお母さんの言うことがわかるようになります。お嬢さま、お願いです。私のお母さまになってください」

小学生のころ、試験のときにカンニングをしたと疑われた。その疑いを晴らすために担任の教師に申し開きをしたときと同じ心境だった。あのときは悔しくて泣いたが、今は淋しくて泣いた。このお嬢さまに捨てられたら行くところがなかったからだ。

「まあ、そうだったの。泣かないで。許してあげる。では今日から、ウオース、ニンムーチン（私は貴方《あなた》のお母さんよね）」

それから本を読まない勉強がスタートした。

「ニーシヤンナールチユ？（貴方《あなた》はどこへ行かれますか？）」

「ウオーチユ上海（私は上海へ行きます）」

「イーカエルチユゾマヤン？（一緒に行きませんか？）」

「ハーオ（いいです）」

「ニンチエゴハイローライラチーネン？（貴方《あなた》は海州に来て何年？）」

こうして口写しの特訓が始まったのである。

数学も物理も勉強する必要はない。中国語オンリーだ。私のウツロな脳の中に、中国語が洪水のように音を立てて流れ込んできた。

半年後、美花《メイホン》との会話に英語は不要となり、聞き取りとスピーチが通訳並みになった。

そうしたころ、美花《メイホン》が私の前に正座して、こう言った。

「西村さん、お願いがあります」

私は驚いて尋ねた。

「お嬢さま、どうしたのですか。椅子に掛けてください」

「赤ちゃんが言葉がわかるようになったら学校に行って本を読むでしょ？　貴方《あなた》は話せるようになった。それは赤ちゃんを卒業したということです。だから本を読まなければなりません。貴方《あなた》は自分の勉強は零点だったといいますが、そうではありません。貴方《あなた》が半年で赤ちゃんを卒業できたのは、今まで多くの本を読んで勉強したからです。貴方《あなた》は決して独りぼっちではありません。私がいるでしょ？　私の言うことを聞けと言っているのではありません。勘違いしないで。お願いをしているのです」

私は思った。なんて優しいお母さまだろう、と。

このことがあった日から、美花《メイホン》に愛を感じるようになった。日本を去るとき、本は読まないと心に誓った。だが、「独りぼっちにはさせません」と言われたのだ。その言葉が嬉しくて、美花《メイホン》の指示に従うことにした。

私の仕事は、店内外の掃除とガラス拭き、それにトイレ掃除と水汲みだった。雑役係は三人いたが、トイレ掃除はみんな嫌がるので私が引き受けた。

便壺が浅いため、排便するときに便が跳ねて尻を汚す。汲み取り作業も困難だった。そこで私は改良案を考えて、美花《メイホン》に提出した。

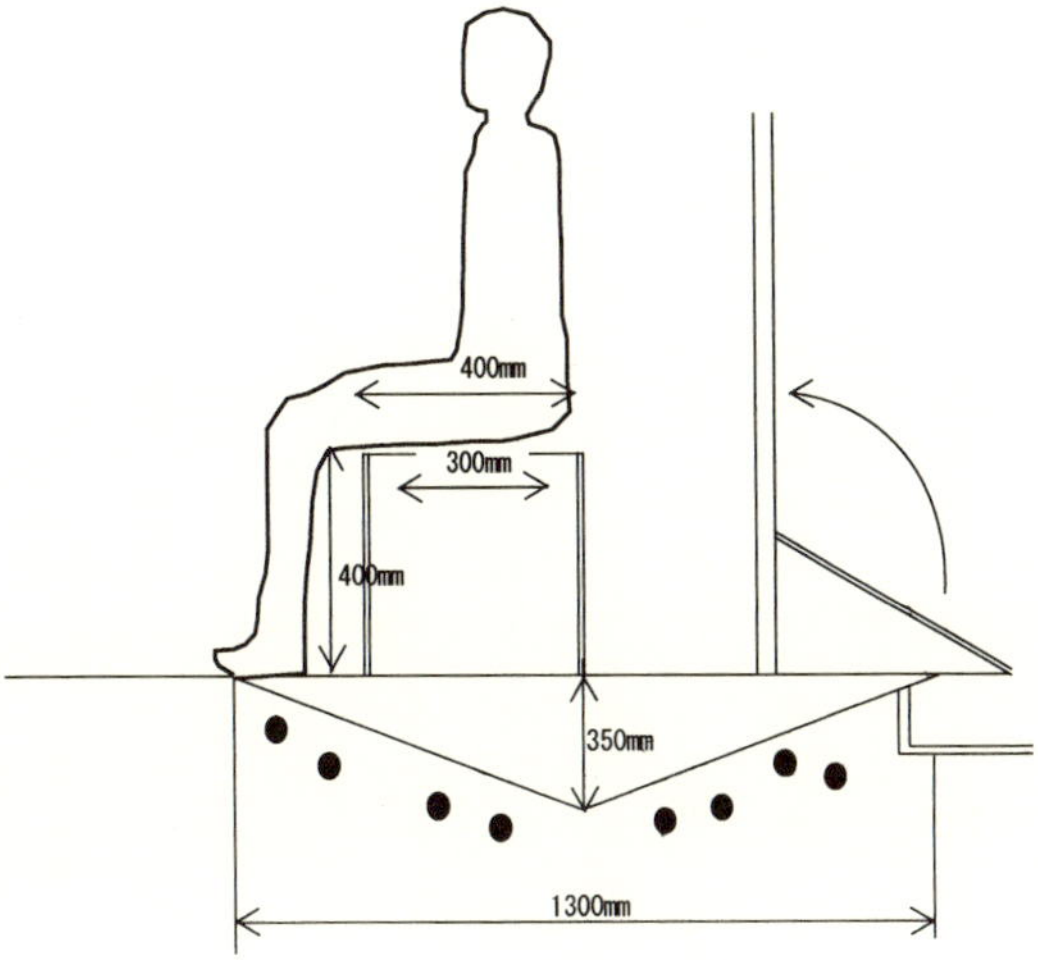

V型のツボを亜鉛板で作り、周囲を粘土で押し込めて安定させる。V型便槽の一部は汲み取り口として室外に出すというアイデアである（上図参照）。

汲み出しのときは、外部のフタを開き、長いL形のバーで便を引き出す。桶に入れる水様のものは、灰や土などを混入して引き出す。

便座に丁番を付けて、小便時にはそれを上げて使用する。

こうすれば、「尻を汚さない」「汲み取りが早い」というメリットが生まれる。私の案は採用された。

雑役作業が終わると、「北京官話」の勉強をするのが日課となっていた。かつての勉強の意欲を取り戻したのだ。美花《メイホン》が帰宅すると、すぐにレッスンである。

「ウオーチエゴテーハン、チンライバ（私のそばへ来てください）」

「ニンチエゴトウラ、ハイローチーネン？（貴方《あなた》はこの海州に来て何年？）」

「ウオー、トウラ、ハイロー、ウーヨ（私は海州に来て五カ月です）」

「ブーシン、ブーシン、ニンソハーラ、タイブトイ（違う、違う。貴方《あなた》のおっしゃること、大間違いです）」

「ウオーシヤーン、タイガイスーイーネン（私は思います。約一年でしょ）」

こうして、六冊の「北京官話」を一カ月でマスターしたのだった。

美花《メイホン》が学校から帰ってくる時間には、玄関で待つことが許されるようになった。

そうしたある日、私が美花《メイホン》の部屋で掃除しているときのことである。

「私の部屋の掃除は自分でするから、しなくてもいいわ」

美花《メイホン》にそう言われてしまったのだ。

このとき、不思議なことに、美花《メイホン》の美しい目が何かを訴えているかのように憂いを含んでいた。

どこの部屋を掃除するより、美花《メイホン》の部屋の掃除はしたかった。

ベッドの下を拭き掃除していると、美花《メイホン》のほのかな匂いを感じ、息苦しかった。また、美花《メイホン》の勉強机を掃除しているとき、彼女の美しい指が触れていた机を羨ましく見つめていたこともあった。だから、「掃除をしなくてよい」と言われたときは、断崖から突きとばされたような衝撃を受けたのである。しかし、美花《メイホン》のそばにいることだけでも楽しかった。

美花《メイホン》は、私が早く中国に慣れるようにと、通訳として劉直和《リューシンホア》（劉《リュー》は少林寺拳法の達人でもあった）と、ほかにシークレットを一人付けてくれた。そして、三台の人力車《ヤンチョ》も用意してくれた。

「貴方《あなた》が出かける日は、私が指示するから次のことを体験してきなさい。でも、一人では決して出かけないこと」

そんな指示を与えられた。美花《メイホン》が言う「次のこと」とは、以下のとおりである。

一、中国のレストランとその仕組み
二、銭湯（風呂）
三、衣類
四、農民の生活様式
五、小麦や油の作り方

数日後、美花《メイホン》の指示があったので、三台の人力車《ヤンチョ》に乗って町へ出た。

まず、真西　菜館《シンシャーツァイカン》というレストランに行った。私たち三人はラースメン（ラーメン）をオーダーした。玄関で待機している車夫にはマントゥ（小麦粉を練って蒸かしたもの）を与えるよう、ボーイに指示した。

テーブルには、箸と五センチ×五センチの小さな紙が置いてあった。劉《リュー》に、「この紙は何のためにあるのか」と聞くと、「箸を清潔にするためです」と言って、紙で箸をしごいて見せてくれた。

まもなくして、直径三〇センチほどもある大きな器に入ったラースメンが運ばれてきた。器はヒビだらけで、門型の金が打ち込まれ、油の汚れが真っ黒になってこびり付いていた。

劉《リュー》が説明してくれた。

「その昔、万里の長城のレンガを造るために大量の樹木がレンガ焼きに使用されたことから、この地区には木が少ないのです。ですから、焼き物はとても大切なもので、割れたらこのように修理をします。修理した数が多ければ多いほど繁盛している店ということになります」

ラース（肉の糸）という名が付いているだけあって肉が多く、麺は一割ぐらいで私は半分も食べられなかった。

「美花《メイホン》様に叱られますから、言わないでください」

劉《リュー》に言うと、

「はい、わかりました。でも、貴方《あなた》が食べ切ることができないことを美花《メイホン》さんは知っています」

と言った。

食事が終わったとき、係の人に炊事場を見学させてほしいとお願いし、許可を得て案内してもらった。

炊事場といっても、狭い日本とは違って二〇〇坪ほどもある。

高い天井から、一から一〇までの番号の付いた札が下がっていた。案内人がその意味を説明してくれた。

「一は鳥料理、二～三は魚、四は豚、五は牛、六～八が野菜、九～一〇が食器置き場とその洗い場です」

右隅に大きなカーテンが吊り下げてあって、蒸気がモーモーと上っていた。中を見せてもらってビックリした。三メートル角の大鍋が二個あり、その中で牛や豚の頭が二〇個ぐらい煮られていて、ゴロンゴロンと浮いたり沈んだりしていた。切断された足首も五〇個ぐらい鍋に入っていて、爪の間にはフンが付着していた。

裏へ回って焚き口を見ると、二人の老婆がコーリャンのワラを一本ずつ投げ込んでいた。

一本のワラではあっという間に燃えてしまうから、すぐ次のワラを入れなくてはならない。

「二本ずつ入れれば、ゆっくり焚けるのでは？」

通訳を介して老婆に質問を投げかけると、老婆はこう言った。

「上司からの指示ですから……」

「いつから焚いているのですか」

「私たちは六人一組になって四時間交代で作業をしていますが、私の知っている限りでは、五年の間に一日も火を止めたことはありません」

さらに質問してみた。

「コーリャンのワラの補給はどうするのですか」

「ワラを運ぶ組が私たちと同様に何組もあって、切らさないように運んでくれるのです。この行程が狂うと火が消えます。仕事がなくて、ワラを焚きたい、運びたいと望んでいる人は大勢いますから、火を消すようなことがあればすぐ全員解雇されて、二度と使ってはくれません」

老婆は私の質問に答えるときも手を休めず、ワラを一本ずつ火に投げ込みながら答えてくれた。

私は最後に聞いてみた。

「シェイシェイ、センザィニーチースイ（ありがとう。今何歳ですか）」

「三五歳です」

老婆だと思っていたが、そうではなかった。生活苦によって若さを失っていたのだろう。

その場を立ち去るときに、ルビークインという女性用のタバコを一箱ずつ二人に渡した。

「まあ、このタバコはお嬢さまたちが吸うタバコだわ。大切にして少しずつ吸わしてもらいます」

老婆の顔をした二人は喜んでいた。

そこを離れて大鍋のほうに出ると、二〇リットル入りの桶三〇個に、煮え上がっている湯汁を五人がかりで入れているところだった。

「どこかに運ぶのですか」

「近くの飯店です」

不思議に思ったので聞いてみた。

「この湯汁は親西菜館だけで使うのではないのですか」

「違います。このような立派な設備はほかの店にはないので、地区の合作舎（ホイドッシオ＝農業組合）が資本を集めて製造所を開設し、湯汁の販売は合作舎が行なう仕組みになっています。資本を出さない人でも購入することができます」

「鍋の中を見ましたが、爪の間がフンで汚れていました。不衛生に思います」

「洗浄していますが、不洗浄のときもあります。以後、注意しておきます。しかし、年中二〇〇度もの高温で煮ていますので、完全殺菌されます」

次に、五番の札が付いている牛肉の処理場を見学した。ラースメン用の準備をしていた。牛肉を一ミリの厚さに薄く切り、二〇枚ほど重ねて板で挿み、畳包丁のような大型の包丁で切っていた。

「なかなか大変ですね」

調理をしている人に話しかけた。

「これが私の仕事ですから、大変だとは思いません。今は包丁で切っています。仕事が早いからです。疲れてくると押し切り機に切り換えて切ります」

「何時間続けるのですか」

「何時間ではありません。一日中です。私は入社して二年になりますが、二年間切り続けています。この仕事は一番下役で、来年は一段上の任務になります」

作業員は全員、合作舎の指示を守り、「メイファーズ（没法子＝あきらめるという意味）」を心に抱き、黙々と働いている。素晴らしい国民だと思った。

美花《メイホン》には銭湯（風呂屋）の体験も指示されていたので、劉《リュー》に銭湯へ案内してもらった。

劉《リュー》は銭湯の係に何か話をすると、私にこう言った。

「今、係の者に必要事項をお願いしておきました。通訳はいりませんので玄関で待っています。今日の見学はこれで終了します。ゆっくり入湯してきてください」

私は中に入った。係の者が手話のように、「衣類を箱に入れて」と仕草で示した。

脱衣していると、目や口に何かが飛んできた。蚤《のみ》だ。鼻の穴にも入ってくる。息が詰まる。口で呼吸すれば口の中に入ってくる。大量の蚤の群れの攻撃を受けた。

浴場は湯壺が真ん中にあり、洗い場が、すり鉢状に湯壺の周囲を取り囲んでいた。そんな形状になっているので、洗い場で体を洗った汚水は湯壺の中へ流れ込むのだ。

見ると、湯壺の湯は真っ黒で、飴のようになっている。私は息を止めて真っ黒な湯壺の中に入った。汚れてはいるが、すごく体が温まる。劉《リュー》が「ゆっくり入りなさい」と言った理由がわかった。中国の農民は一年に一回しか風呂に入らない。銭湯で一年分の垢を落すのだ。何百人もの人たちの垢が湯壺に集合する。飴のようにドロドロになるのは当然なことだ。

見学から帰り、美花《メイホン》に体験したすべてを報告した。

「よく勉強してくれました。銭湯に入ったとき、美花《メイホン》は嫌なやつだと思ったことでしょうね。でも、よく耐えてくれました。ありがとう。貴方《あなた》が本当の中国人になるためには、経験しておかなければならないことなのです」

美花《メイホン》の優しい言葉がうれしかった。

それから二カ月後、体験出張の指示が出た。やっと中国語がわかるようになったので、通訳なしで農民の食生活様式を体験するため、シークレットと二人で近所の農家に出かけた。

中国人の食生活の第一条件は、油である。

油になる原料は、大豆、菜種、胡麻と何種類もあるが、一般に使用される油の九〇パーセントは胡麻を原料としていることから、胡麻油を製造している農家に行った。

直径四メートルの土間の中に、一メートルの石臼が設置されている。二頭の牛がグルグルと回り、石臼の中の胡麻がつぶれて油が石臼の周りに押し出され、それが壺にたまる仕組みになっている。

農家の人に聞いてみた。

「一日に何リットルできますか」

「牛が四頭いて二時間ごとに交代し、八時間で二〇リットルぐらいの油を作ります。一カ月で四〇〇リットルの油ができますが、そのうち自家用の分を残し、あとは合作舎に納入します。胡麻の補給は合作舎がしてくれます」

地区ごとにそれぞれの合作舎が統率しているという。

中国人の主な食物は、小麦、大豆、コーリャン、小豆、落花生、白米（日本では外米といわれている）である。私が雇われている通源公司の営業商品は小麦だったから、小麦の生産状況を見学することにした。

小麦を栽培するとき、日本では細長く一列に種を蒔くが、こちらではばら蒔き式である。収穫時は、村中の人はもちろんのこと、出稼ぎの人や通りがかりの人など、大勢の人が集まって共同で行う。

農家を出発して二時間、列車は麦畑の中を走っていた。その間、民家は一つもなかった。日が暮れようとしていた。列車が進む反対方向から一人の農夫が鍬を担いで歩いていた。通りがかりの農夫である。

収穫された小麦の山が何百もできているのが見えた。その小麦を一輪車の両側に一メートルぐらいの高さに積み、合作舎へと持って行くのだ。その数一〇〇〇台。回収が終わると、落ちた麦の穂は一部の人たちの給料になる。これらも合作舎によって統率されていた。

胡麻を作る人、油を絞る人、麦を作る人……と、すべて合作舎を中心にしてみんなが共同で働いている。私が後年、小麦の買い付けの大役を受けたとき、こうした体験が大きな役割を果たした。海州にいた二年間は、私の生涯で最高のものとなったのである。

そんなある日、大きな事件が起きた。通源公司に倒産の危機が訪れたのである。徐州地区で買い付けた小麦を天津や北京に売り込むと、三～四倍の値で売れる。通源公司は大きな商売をしていた。

買い付けた小麦は露天積みにされる。約四〇〇俵の小麦を、タテ一〇メートル、ヨコ二〇メートル、高さ六メートルほどのピラミッド状の山にする。その山が五つもできる。

雨期が来ると、小麦が露天積みされた地面は、一面、湖のようになり、何千俵もの小麦が下のほうから溶けてしまう。そうなっては大変だから、雨期が来るまでに日本軍から搬出許可証を取得しておかなければならない。

ところが、通訳の劉直和《リューシンホア》が上海出張中に列車内で憲兵中佐とトラブルになり、その中佐の妨害によって許可証がもらえないというのである。

雨期は否応なしに近づいてくる。大変なことになった。通源公司の店内は異様な雰囲気に包まれていた。

私は詳しい話を知りたいと思い、事の次第を美花《メイホン》に尋ねると、美花《メイホン》が説明してくれた。

「劉《リュー》さんが上海へ出張中、列車内に数名の憲兵が逮捕者を連れ込んできたのです。憲兵は、『ゾウゾウ（場所を空けろ）』と、大きな声で怒鳴っていましたが、その態度があまりにも横暴だったのです。劉《リュー》さんは日本語が多少できる人なので、憲兵中佐に向かって、『空けろと言わないで、空けてくれと言ってください。貴方《あなた》は戦勝国日本陸軍憲兵様です。反対する人はいません』と日本語で注意しました。実は、その憲兵中佐が搬出許可部へ就任していたのです」

いざこざのあった相手が搬出許可部に就任し、小麦の搬出許可証を出さないというわけである。相手にしてみれば、「江戸の敵を長崎で討つ」といったところだろう。

事の重大さを知り、私は何とかできないものかと、ひと晩中考えてみた。

この難関をクリアしなければ、会社はどうなるだろう。五〇人の社員とその家族が路頭に迷い、さらには通源公司の商売のおかげで成り立っている海州の合作舎がつぶれ、多くの人々が生活苦の嵐の中に飲み込まれてしまう。

私は日本人だから、日本軍の中佐と面会できる可能性はある。万に一つ成功すれば、二年間お世話になった借りを美花《メイホン》に返せる。

この事件はチャンスかもしれない——そう考えたのだった。

第三章　命を賭けた恋

小麦の搬出許可証をもらうという大任を私が引き受けたとして、もしも失敗したときはどうすればよいだろうか。「美花《メイホン》さん、駄目でした」とは言えない。

思えば、母方の先祖である塩谷家の人たちは、塩谷城が秀吉軍に攻められて陥落したときに、仲間とともにみな自害した。城を守っていた総勢一〇四名もの人間が全員切腹したのである。その先祖と同じように、私も切腹して、美花《メイホン》に謝罪しよう。

二年前、「貴方《あなた》は独りぼっちではありません。私がいるでしょ」と言ってくれた美花《メイホン》。私にとって、これ以上に優しさを感じさせる言葉はなかった。生きる意欲を失い、うつ病の末期症状だった私が、あの言葉で生き返ったのだ。この人のためなら死んでも悔いはない。私は腹を決め、翌朝、美花《メイホン》に話しかけた。

「美花《メイホン》さん、どうでしょうか。私は貴女《あなた》から見れば、弱くて役立たずの雑役夫です。しかし、戦勝国である日本人の一人です。その利点を生かせば万に一つの希望が持てます。許可取得の大任を私に任せていただけませんか」

美花《メイホン》は言った。

「そうですね、やってみてください」

美花《メイホン》と社長の許可が下り、社長は「軍隊に挨拶してください」と言って、九〇万円（現在の価値でいえば一億円）の小切手を差し出した。私にしか現金化できない銀行小切手で、額面は三万円、それを三〇枚渡してくれたのである。

「通源公司が助かるなら全額使用してもかまいません。貴方《あなた》の自由に使ってください。徐州までの案内人およびシークレット役として三名を同行させます」

社長はこう言ったが、私は案内人もシークレットも断った。

どう転ぶかわからないこの戦いは、奇跡が起きない限り勝ち目はない。失敗したら死をもって美花《メイホン》に謝罪する覚悟である。そんな事態になったとき、同行者には迷惑をかけられない。そう考えて、一人で行くことを許可してもらったのである。

出発前に美花《メイホン》に会って、最後のお別れをした。

「美花《メイホン》さん、大任を許可してくださってありがとう。ボロボロになっていた私を拾い、育ててくださって感謝しています。つうと別れて一〇年目、貴女《あなた》のような素敵な人に巡り会えて幸せでした。この度、恩返しができるかもしれないチャンスを与えてくださってありがとうございました。では行ってきます」

「貴方《あなた》の言い方、変だわ。『幸せでした』と、なぜ過去形を使うんですか。私とはもう会えないと言っているようにもとれます。何か引っかかります……。でも、今はそれどころではありませんね。貴方《あなた》は大任を引き受けてたった一人で徐州へ行くんですもの。この二年間、一日も離れたことがなかっただけに、とても寂しく思います。私は貴方《あなた》が帰って来るまで学校を休んで待っています」

美花《メイホン》は微笑して私を送ってくれた。

美花《メイホン》にもう会えないかもしれない。思えば、あのときも同じ心境だった……と、私は鳥取駅で最後に見た初恋の人を連想していた。

美花《メイホン》さん、さよなら……。

またしても別れなければならない自分の運命を無情に思う。私は万感、胸に秘めて、たった一人で決戦場・徐州へ向かったのである。

列車の中でいろいろ考えてみた。憲兵中佐に直接会ってもまず駄目だろう。中佐の知人や友人を探し、その人にお願いしてみるべきだ。女性のほうが話しやすいから、その女性を探すことだ。夜はキャバレー、昼は料亭を回って見よう。

心が決まった。

初めて見る徐州は埃っぽい街だった。

徐州徐州と人馬は進む……。徐州は軍歌「麦と兵隊」でよく知られているが、大きな戦争があったところだ。

駅前には、取り残されたように小さな徐州食堂があった。そのそばに人力車《ヤンチョ》の車夫が三〇人ぐらい客待ちしていた。私はその一人に話しかけた。

「トウユーインハン、ナーベンザイチャーラチドウブチドウ？（住友銀行はどこか知っていますか？）」

運よくその車夫は知っていたので、一日貸し切りでお願いした。

住友銀行で、預かっていた小切手一枚にサインと印を押して一万円（一〇〇万円）を引き出した。デパートで一〇〇円（一万円）程度の手土産品を一〇個求め、料亭へ向かった。女将に面会を求めて、「岡中憲兵中佐様が末席されていませんか？」と、こんな口実で五軒回ったが、中佐を知っている店はなかった。

夜はキャバレー回りをしよう。それでも駄目だったら、明日は憲兵隊に出向こう。門前払いをされたら万事休すだ。美花《メイホン》に合わせる顔がない。預かっているお金は銀行送金して返そう。海州には帰れないのだから、この車夫にお願いして車夫の仕事をしてみよう。車夫が駄目だったときは、駅前の徐州食堂で皿洗いをしよう。

こうして先行きのことを考えていたそのとき、車夫が言った。

「ワイ、ナーベンザイチャーラタマ屋フアンテン（あそこに玉屋という店があります）」

六軒目の玉屋という料亭で糸口を見つけた。久松という女将がこう教えてくれたのだ。

「岡中中佐はときどきいらっしゃいます。ご指名は玉千代という踊り子です。玉千代は九州の石炭産業のご令嬢で、四歳のときから日本舞踊を学んでいらっしゃいました。地震でお父さまの会社が倒産し、そこで両親に死に別れて独りぼっちになられたのです。そこで遠縁にあたる中佐がお嬢さまを引き取られ、芸だけという条件で私がお預かりしているのです」

手土産品が効を奏したのだろう。久松の女将のご主人は岡中中佐の陸大（陸軍大学校）時代の同期生であること、ご主人が戦死したときに玉屋を開業したことなど、事細かく話してくれた。

女将に私の目的を詳細に話すと、玉千代に引き合わせてくれた。

玉千代は十八歳になったばかりで、私や美花《メイホン》より一歳年下だったが、日本舞踊をしているだけあって、立ち居振る舞いが丁寧で、美花《メイホン》に似ていた。まるで双子のようだった。

私は玉千代に事の次第をすべて話した。

「独りぼっちの私を助けて育ててくれた美花《メイホン》さんに恩返しさせてください。もし失敗したら、切腹して美花《メイホン》さんにお詫びする覚悟でこの大任を引き受けたのです。私は五年前、十四歳の時に頭の中が破裂して一度は死んだ身ですから、悔いはありません。美花《メイホン》さんを助けてくだされば、謝礼として九〇万円（一億円）を差し上げます。私は二年後に入隊します。それまで貴女《あなた》のサーバントになってお仕えいたします」

土下座して、お願いした。

玉千代が口を開いた。

「私のサーバントになると言われますが、海州には帰らないのですか」

「はい、帰りません。美花《メイホン》さんにはそれとなくお別れをしてきました。片道の燃料しか積まない特攻隊のつもりで海州を出てきたのです」

「そう……。わかりました。許可証は必ず取ってあげます。貴方《あなた》の真心に協力してあげるのですから、謝礼はいりません。それに、私のサーバントにならなくてもけっこうです。仕事が終わったら美花《メイホン》さんのところへ帰ってあげてください。でも、ただ一つだけ条件があります。私も独りぼっちですから、私のお兄さまになってください」

玉千代の優しさに涙が出た。

翌日の午前一〇時ごろ、待たせていた人力車で徐州ホテルに向かった。ちなみに、このときの車夫は後年私の専属の車夫となり、通源公司開店のさいには五〇〇台の人力車を集めてくれた。また、小麦買付のときには運動員を一〇〇名、その他各地区の合作舎に渡りをつけるなど、とても大きな役割を果たしてくれた。思えば、徐州駅でのこの車夫との出会いは私の数奇な運命を切り開いてくれたのである。

さて、この車夫の車で徐州の憲兵隊司令部へ向かった。この家は上海の大金持ちの家で、徐州憲兵隊の司令部の拠点になっていた。

私はその司令部の応接室で一人待っていた。紫檀、黒檀の高価な材料で造作されたテーブルは、厚さ一〇センチ、幅五〇センチの欅の板一〇枚を組み合わせたもので、漆が塗られていた。

玉千代は中佐にどんなふうに話をしただろうか。本当に許可証をもらえるかしら。もしも駄目だったとき、私は美花《メイホン》さんに何と言って謝ればよいか……。

私のような無一文の少年が死んでも、出すぎたことをして大役を引き受けた馬鹿な奴だと言われるだけだ。しかし、それもよかろう。どうせ二年後には入隊しなければならないし、そうなれば遅かれ早かれどこか南の海ででも果てることになるだろうから……。

「人類のために後は頼む」と言った谷口政雄の期待には応えられなかったが、この世に生を受けて一九年、精一杯努力した。大好きだった美花《メイホン》とも別れてきた。もう思い残すことはない。スーメイファーズ。

出すぎたことをしたのかもしれないが、万に一つの見込みがあるのだから……と、自分に言い聞かせながら高鳴る胸を押さえていた。

と、そのとき、ドアが開いて、玉千代と岡中中佐が入ってきた。私は立ち上って頭を下げた。中佐が言った。

「椅子に掛けなさい。玉千代から君の話を聞いたよ。もしかしてと思っていたが、一昨年の春ごろ、上海北四線路の街角でバイオリンを弾いている少年がいるとの情報があって、係の憲兵に行かせたことがある。玉千代を探しに来たそうだが、不法入国はよくないよ。でも、通源公司が君の身柄を引き取ってくれてよかったね。渡支証明書と小麦搬出許可証については受付に話してあるから受け取って帰りなさい。――そこでだ。一つ条件がある。玉千代は独りぼっちだから、私の代わりに良き話し相手になってあげてくれ。諸費用は玉屋の久松女将に話しておくから気にしなくてよい」

私は嬉しくて声を上げて泣いた。「ありがとうございました」と泣きじゃくりながら、やっとの思いで礼を言ったのだった。

思えば不思議なことだ。上海へ逃亡して憲兵隊に捕まり、それを通源公司に助けられたが、私を捕まえようとした憲兵隊の隊長が今度は私を助けてくれたのだ。何という運命の巡り合わせだろう。

ホテルの一室で、今までのことを振り返ってみた。

通源公司の危機に際し、美花《メイホン》に恩返しをしたいとの一念で命を賭けた。私にとっては大きな戦いだった。谷口政雄が「人類のため」と言ったが、私は「人類」を「美花《メイホン》」に置き換えたのだ。その行為は正しかったのか。憲兵隊長から許可をもらう方法として考えた作戦は、果たして私一人の考えだったのか。許可証をもらったとき、美花《メイホン》と母の顔が見えたが、あれは単なる幻だったのか……。
目を閉じると愛宕山が見えていた。日本を去るときに鳥取駅で恋しい人の白い靴下を見送ったことなどが走馬燈のように思い出され、私は幻想的な想いの中で朝を迎えた。

戦い破れた　その時は
腹かき切って　お詫びする
十八年の　最後を飾る
徐州戦線へ　我は行く
恩ある人の　影えがき
一人寝る　徐州の夜
戦い終わって　日が沈み
はるか海州の　空を見る

私は海州のほうを見ながら、「美花《メイホン》さん、一つの賭けに私は勝ちました。大恩ある貴女《あなた》への借りを全部返したわけではありませんが、一つは御返しできました。小麦の積み込みが終わりましたらすぐ帰ります。『よくやったわね』と言って、抱き締めてください」と念じた。

許可証を提出すると、貨車に小麦を積み込む作業が始まった。小麦のピラミッドが一つまた一つと消えていった。久松女将と玉千代が応援に来て、「よかったね、よかったね」と言って喜んでくれた。

玉千代が涙ぐみながら言った。

「私はもう独りぼっちではないわね。西村さんは私のお兄さまになってくださったのだから…。お兄さまを助けた美花《メイホン》さんは、双子のように私に似ているとおっしゃいましたね。早く会いたいわ。美花《メイホン》さんは私より一つ年上だから、私のお姉さまになってくださるようお願いしてね」

昨日までは大嵐の中にいたのに、こんな素晴らしい日が来るなんて、夢のようだ。私は片思いの恋ばかりだったが、心の美しい人々に恵まれて幸せ者だ。玉千代を見ていると、美花《メイホン》が和服を着ているように見えた。そんな錯覚に酔いながら、私は玉千代に言った。

「玉千代さん、ありがとう。このご恩は生涯忘れません。貴女《あなた》のお陰で美花《メイホン》さんに少しだけ御返しができましたが、貴方《あなた》への御返しはまだ何もしていません。せめて謝礼金だけでも受け取っていただけませんか」

玉千代は静かな笑みを浮かべた。

「お兄さま、恩返しはしていただきました。貴方《あなた》がお兄さまになったくださったことと、美花《メイホン》さんというお友達を与えてくださったことで充分です。貴方《あなた》は私に恩を受けたとおっしゃいますが、私は貴方《あなた》が美花《メイホン》さんを命懸けで愛してらっしゃる姿に感動したのです。私のいる色街は嘘ばっかり。その中にいて、私は貴方《あなた》を信じられたのです。『こんな人がいるんだわ。なんて素晴らしい人だろう』と思いました。ですから、私から進んで引き受けたのです。謝礼するなんて言わないでください。これからずーっと私のお兄さまでいてくださればけっこうです」

玉千代と話している間に、小麦のピラミッド五個、二〇〇〇俵の積み込みが終了したので、作業員全員と駅で働く人たちをレストランに招待した。全員に高価な手土産を渡して来年の積み込みをお願いし、徐州を去ったのである。

海州に戻ったとき、凱旋将軍のような扱いを受けた。

美花《メイホン》に会えないかもしれないと思っていたのに、その美花《メイホン》のもとへ帰ることができたのだ。毎日、美花《メイホン》の顔が見られる。とても嬉しかった。

祝福と賞賛の渦から解放されて自分の部屋に入ったとき、たった一つのバイオリンだけが私を迎えてくれた。「やっと帰ってきたんだ」という感慨が押し寄せてきた。

この部屋だけが私を受け入れてくれたのだ。椅子に腰を下ろすと、いろんな思いがわき上がってきた。

何もないこの部屋が、なぜこんなに恋しかったのか……。それは窓向こうに美花《メイホン》の部屋が見えるからだ。あの大任を引き受けたのは、恩を返すためだけだったのか。何一つ財産のない自分を美花《メイホン》に認めてもらいためだったのか。違う。美花《メイホン》に愛してもらいたいという一念からだったのだ。

中国語を一生懸命勉強したのは自分のためだけではない。美花《メイホン》に愛してもらいたいという思いからだったのだ。しかし、大任を果たして帰ってきたとき、美花《メイホン》は私を抱き締めてはくれなかった。やはり片想いで終わるのだ。それが私に与えられた宿命なのだろう。スーメイファーズ……。

翌日、私は社長に次の四項目を進言した。

一、来年の買い付けのため、徐州に買い付けの本部となる徐州支店を創設すること。
二、地元との和を第一に考えて、買い付け運動を今からやること。
三、雨期に小麦を守るために小麦保管場所として、移動サーカスのような折り畳み式の
　大テントを設置すること。
四、軍隊・憲兵隊に常に接触して、和を考えること。

この度の功績があったので、これらの提案は許可されたが、それだけで終わらなかった。徐州支店長を命じられたのだ。昨日までの雑役夫が一躍、支店長になったのである。

支店長就任の披露宴が催され、挨拶の言葉を述べた。

「私は皆様を出し抜いて支店長を命じられ、恐縮しています。私が支店長としてその要職を達成するには、皆様の協力なくしてできるものではありません」

私は一同を見回して言葉を続けた。

「私のことで知っていてほしいことがあります。私は二年前、日本から上海へ逃亡してきて、社長のご令嬢に拾われ、雑役夫として採用されました。当時は言葉もわかりませんでした。イー・アル・サンのイーも知りませんでした。そんな私にお嬢さまは嫌な顔一つせ

ず、『オー天津チユ、イークアイルチユ、ゾマヤン（私は天津へ行きます。一緒にいきませんか）』と、口移しで教えてくださいました

オースチュンゴレン（私は中国人です）。私は中国人になって今日まで二年間働かせていただきました。感謝しています。この度、肩書きは支店長になりましたが、皆様の使用人です。シーツェンタイジン（西村先生）と呼ばないで、シーツェン（西村）と呼び捨ててください。

立派な会社をつくるために、一つだけお願いしたいことがあります。私の指示に従ってください。

今回、搬出許可証の取得が成功したのは、私の国籍が日本人であったからで、私に力があったのではありません。しかし、何かに行き詰まったとき、私に不思議なヒラメキが生まれ、その都度解決してきました。憲兵隊長を攻略する方法を考えたときもそうです。私がいくら日本人であっても、若干一九歳の少年では、直接交渉はおろか面会もさせてもらえないだろうと思いました。そのとき一つのヒラメキを感じて、そのヒラメキに従って行動した結果、無事に許可証をもらうことができたのです。

これから先、徐州支店を成功させるにあたって、さまざまな障害が現れることでしょ

う。しかし、私の体内にはすでにヒラメキが始まっているのです。『この青二才め』と思わないでください。私はあなた方の捨て石になり、入隊するために二年後にこの地を去ります。それまで私を信じてついてきてください」

こうして、私の披露宴は無事に終了したのだった。

自分の部屋に戻ると、私の中に徐州支店を成功させるためのヒラメキが具体的なイメージとなって浮かんできた。

徐州支店が失敗したとき、私には弁償する資金はないのだから、絶対に成功させなくてはならない。しかし、私に残された期間は二年間しかない。そのわずかな期間に成功を収め、「西村はよくやった」と、美花《メイホン》に喜んでもらいたい。

今までどおりの買い付けならだれでもできるが、私の場合は玉千代が許可証を取ってくれる。資金は通源公司にある。その買い付けと売り先を現在の五～一〇倍に拡大すればいいだろう。

小麦保管場所を設置し、買い付け先と売り先の仮契約を取る。これが安定すれば成功するはずだ。だが、失敗したら、美花《メイホン》は「貴方《あなた》はできもしないことを言う空想論者だったのね」と言って振り向いてもくれないだろう。たとえそんな結果になっても、しょせんは片想いなんだから、それでいいんだ。最後の賭けだ。

私は、「やってやろう」と心に誓った。

そのとき、ドアをノックする音がした。美花《メイホン》だった。私は驚いた。

「何でしょうか」

「何でしょうかはないでしょう。ランプも付けないで、何をしているの。真っ暗ではないですか」

「ちょっと考えごとをしていて、気がつかなかったのです。すみません」

「謝ることはありません。心配したのです。お話ししたいことがあります。私の部屋へ来なさい」

披露宴のときに美花《メイホン》の気に障るようなことでもあったのだろうと思いながら、私は彼女の部屋に入った。

美花《メイホン》に「掃除をしなくても」と叱られて以来、久し振りである。懐かしさがこみ上げてくる。

美花《メイホン》の前にある椅子に腰を下ろした。美花《メイホン》はよほど気に入らないことがあったのか、二分間近くも私を睨みつけていたが、やがておもむろに口を開いた。

「いつか、『今日から貴方《あなた》のお母さまよ』と約束したわね。でも、貴方《あなた》はこの二年間、一度も心を開いてくれませんでした。イヤなことがあっても私の指示は守ってくださった。だけど、イヤならイヤと言ってほしかった……」

私は即座に否定した。

「イヤだと思ったことはありません。みんな私のために考えてくださったことですから、感謝していました」

「今日もそうだけど、一人でよく悩んでいるわ。水くさい……。今回、もし小麦を守れなかったら、その損失の一〇〇倍、得意先に迷惑を与えたと思います。それを貴方《あなた》は徐州で一カ月、たった一人で戦い、会社を救ってくださった。どんなに悩み苦しまれたことでしょう。でも、貴方《あなた》が海州に帰ってこられてから私に話してくださったのは、『お嬢さま、二〇〇〇俵、無事に積み込みを完了しました』、これだけでした。あんなことがあった、こんなこともあったと話してほしかった。私は貴方《あなた》がどうしているかしらと、任務のことよりも貴方《あなた》の身を来る日も来る日も案じていたのです。

玉千代さんからいただいた手紙で、貴方《あなた》が大変な思いであったことを知りました。たった一日会っただけの玉千代さんには心の内を話して、私には話してくれませんでした。

ですか？

貴方《あなた》はいつも私に心の内を話さないのね。どうしてそんなに私を敬遠するの？　私が嫌い

先ほど貴方《あなた》が部屋に戻ってから、私は長い間、貴方《あなた》の部屋を見ていたわ。ランプも付けないで何を考えていたの？　玉千代さんにもそんな冷たい態度をとるのかしら？　まもなく貴方《あなた》は、貴方《あなた》が愛している玉千代さんのいる徐州へ行けるでしょ」

美花《メイホン》は心底怒っているようだった。

「美花《メイホン》さん、何ということを……。『愛している玉千代さん』というのは言い過ぎです。私は常にお嬢さまが幸せになってくださることを第一に考えています。お嬢さまに冷たくする？　そんなこと、私は思ったことはありません。今日だって、どうすれば気に入ってもらえるか、宴会が終わってから二時間近く考えていたのです。

私は、自分に与えられた責任の重大さを感じ、どうすれば成功するか、失敗は絶対に許されないと、考え込んでいました。ですが、人には運があります。運が悪ければ失敗します。もし失敗すれば、お嬢さまの信頼を失い、通源公司から追放されるでしょう。私には行く所がありません。断崖の淵に立っているような思いでした。そして、この案を考えたのです」

そう言いながら、私は自分の提案を記した一枚の紙を美花《メイホン》に見せた。

「突拍子もない案のようですが、許可してくだされば必ず成功します。お嬢さま、いかがでしょうか。私に最後の戦をさせてください」

美花《メイホン》は私から紙を受け取り、しばらく目を通してから言った。

「よくわかったわ。西村さんが大きな任務を引き受けて苦しんでいらっしゃったのに、怒ったりして悪かったわ。でも、行く所がないなんて言わないでください。私の所が貴方《あなた》のいる所です。たとえ失敗しても、貴方《あなた》を追放などさせるものですか。父がこの会社の社長ですが、一人っ子の私にすべて任されています。思う存分、貴方《あなた》の好きなようにしてください」

その言葉を聞いて、私はホッと胸をなで下ろした。美花《メイホン》は言葉を続けた。

「ところで、交換条件があります。これからはすべて秘密にしないでください。玉千代さんには話して私には話さないなんて、絶対に許しません。約束してください」

美花《メイホン》が本当のお母さまに思えて嬉しかった。

「約束します。私も一つだけお願いがあります。これからはお嬢さまではなく、お母さまと呼ばせてください」

「いいわよ。初めて甘えてくれたわね。でも、二人っきりのときだけにしましょう。一九歳でお母さまでは変でしょ」

私が美花《メイホン》に見せた案というのは、次のような内容である。

一、徐州郊外に、小麦の保管場所として三〇〇〇坪の土地を購入。雨期に備え、小麦を守るために五〇センチの盛り土をする。

二、建物内に二〇〇坪のホールを造る。建物は三階建てとし、三階はすべて社員用の宿舎とする

三、空き地に設置するための移動サーカス場に似た折り畳み式のテントを一〇個用意する（買い付け時の小麦収納用、および徐州支店完成時のパーティー用）。一〇個のうち五個はテントを張り、折り畳み用の椅子を二〇〇〇個配置する。

四、空き地の一角に、燃えるゴミと燃えないゴミの焼却場、糞尿の焼却場、および西村式トイレ五〇〇人分と、トイレ用の灰の貯蔵庫を設置する。

五、人員については以下のとおりとする。

総務部　　二名

一般社員　一〇名
炊事人　　五名
雑約係　　五名
番人　　　九名（三時間交代）

これらの提案は、美花《メイホン》の協力のおかげで社長の許可がおり、早速、建築工事が始まった。

私も、こまネズミのように働いたので、みんなにかわいがられた。やがて私の功績を認めてくれて、西村先生（シーツェンタイジン）と呼んでくれるようになった。

美花《メイホン》は、ほほ笑みながら私に言った。

「上海で貴方《あなた》を見たとき、この人は通源公司にとって重要な人になると思いました。私は金の卵を一生懸命磨いていたわけです。大恩ある美花《メイホン》様と言わないでくださいね。この度のことはありがとう。貴方《あなた》の話を聞いて、玉千代さんてすごい人だなと思いました。私たちを助けてくださった恩人です。そのうえ私に似ているとか……。会いたくてたまりません。でも、一つだけ約束してください。玉千代さんとメテメテ（しげしげ）会わないでね」

美花《メイホン》の愛情ある一言一言が、美花《メイホン》の愛に飢えていた私には嬉しかった。「玉千代さんとメテメテ会わないで」と言われたが、この言葉は私を愛しているという意味にとってもよいのかしら？　それとも「仕事に熱中しろ」ということかしら？　複雑な気持ちだった。美花《メイホン》は日に日に美しくなっていき、私の心はぐいぐい引き寄せられていった。でも、大金持ちのご令嬢と一介の使用人では均衡がとれない。高嶺の花だ。しょせん片想いしかできないのだからと、一切をあきらめることにした。

スーメイファーズ……。

明日、徐州に向けて出発する。海州でのこの二年間、多くのことを美花《メイホン》に教えてもらった。素敵な人だ。片想いではあったが、毎日会えて楽しかった。彼女が学校から帰ってくるのを待っている楽しみがあった。

徐州へ行ってしまえば、今までのように毎日会うことはできない。徐州支店創設は会社のために必要なことだ。しかし、それを進言したからといって、まさか自分が支店長に任命されるとは思いも寄らなかった。とはいえ、少なくとも担当者の一人に選任されることと、それによって美花《メイホン》と私の距離が遠くなることはわかっていたはずだ。美花《メイホン》のためになればと、自分の感情を犠牲にしたのだ。そうした犠牲の積み重ねによって、いつの日か私への愛が生まれるだろう。

しかし、その想いは、砂丘に落とした一本の針を探すに似た、はかない望みだったのである。

海州を発つとき、多くの中国人が私の働きを偲んで見送りに来てくれた。

「ホーリチン、ツァイライ（さようなら）」

こうして、さまざまな思い出の詰まった海州をあとにしたのである。

第四章　徐州への進出

通源公司徐州支店建設にあたり、玉屋の女将の協力を得て、郊外の一カ所に予定どおり三〇〇〇坪の土地を購入した。

その地鎮祭を行うため、張社長名代の美花《メイホン》と一緒に徐州へ向かった。赤い支那服をまとった美花《メイホン》は美しく輝いていた。

美花《メイホン》が私に言った。

「玉千代さんに逢えると思うと嬉しくて昨夜眠れませんでした。私に似ているって本当ですか?」

「似ています。初めて玉千代さんに逢った時、貴女《あなた》とそっくりで驚きました。不思議なことに、声までも似ているのですよ」

「そう、早く逢いたいわ」

美花《メイホン》は、玉千代のことで胸がいっぱいのようだった。

窓の外を見ると、地平線まで花畑だった。

「美花《メイホン》さん、もうすぐ玉千代さんに逢えます。玉千代さんも貴女《あなた》に逢えると思ってソワソワしていることでしょう」

「私たちを助けて下さった人ですもの。なんと言ってお礼すればよいのかしら。私は中国人です。玉千代さんに嫌われないかしら」

「そんなこと関係ありません。人と人とは心の和です。美花《メイホン》さんが中国人であろうと日本人であろうと、関係ありませんよ」

列車は一直線に田園風景の中を走っている。何度か通ったコースだが、初めての景色を見るようだった。

私たちは食堂車に入った。だが、満席だったので入り口に立っていた。食事を終えた中国人が席を立つとき、「奥様どうぞ」と言った。

「美花《メイホン》さん、奥様と言われて驚かれたでしょう」

「いいえ、今日は貴方《あなた》の奥様になってあげるわ」

レッスン以外の場で、こんな近くで美花《メイホン》と話したことは二年の間、一度もなかった。玉千代とは何でも話ができるのに、美花《メイホン》には思っていることが何も話せなかった。

列車は徐州に着いた。二ヶ月前、片道燃料の特攻隊となって、悲壮な思いで降りた徐州だったが、今日は美花《メイホン》と一緒だ。

プラットホームに通訳の劉《リュー》、玉屋の女将である久松、玉千代たちが迎えに来ていた。美花《メイホン》がホームに降りた時、玉千代が駆け寄って美花《メイホン》に声をかけた。

「美花《メイホン》様、やっと逢えたのね。私、この数日、仕事が手につかなくて久松様にしかられてばかりでしたのよ」

二人は本当の姉妹のようにしばらく抱き合っていた。

しばらくして、美花《メイホン》が言った。

「玉千代さん、私たちを助けて下さって、お礼の言葉もありません。このご恩は私たちの生涯をかけてお返ししていきます。ありがとうございました」

そのあと、女将の久松に顔を向けて、

「挨拶が前後致しましたが、西村に玉千代さんを引き合わせて下さり、土地のお世話までどうもありがとうございました」

私たちは久松の引率で料亭玉屋に行き、接待を受けた。

そのとき、玉千代が美花《メイホン》に言った。

「お姉さま、先ほど駅でおっしゃいましたね。私に受けた恩だとか、生涯をかけて恩を返すとか……。そんなの、水くさいです。私が西村さんと美花《メイホン》様を好きになったのです。それで、お姉さまになってくださいとお願いしたのです」

「気に障ったらごめんなさい。貴女《あなた》からお手紙をいただき、うれし泣きに泣きました。これからもずーっと仲良しでいましょうね」

私たちは玉屋を出て、現地に向かった。大きな敷地の一角に地鎮祭の準備がしてあった。

近くの雲竜山の住職によって地震祭は滞りなく執り行われ、そのあと我々は玉屋に帰り、積もる話で朝を迎えたのである。

三ヶ月後、徐州支店建設が完了したとの通達があり、海州の張社長と美花《メイホン》と私は、再び徐州へ向かった。

美花《メイホン》は中国王廟時代の民族衣装を身につけており、素晴らしく綺麗だった。

会場は牧場のように柵で囲まれた広場に設営されおり、大きなテントが張られて、無数の折り畳み椅子が並べられていた。社員一〇名が、「小公子・西村（シーツェン）大人一行が来る」ということで、爆竹を鳴らして歓迎してくれた。

私は社員をホールに集めてスピーチを行なった。

「皆様、若輩者《じゃくはいもの》の西村です。ご苦労様。この度は美花《メイホン》様、玉千代様の協力のお陰で許可証の取得に成功しましたが、毎回成功するとは言えません。たとえ許可証をもらえるとしても、何千俵もの小麦の買い付けを成功させなければなりません。

それには、今から農地を回って農民との和を築くことが必要です。皆様は手分けして各地区を訪問する。費用は私に申し出てください。憲兵隊と軍隊のほうは私がやります。

皆様全員が創設者ですから、給料は均等にして、年末の買い付けまでに創設功労手当を支給します。まもなく二〇〇〇人のお客さまが来てくれます。お客さまの接待をお願いします」

私は今日の日のことを考えて、玉千代にお願いして、憲兵隊および部隊、農家の人々、駅員の人々を招待していた。

接待役として、玉屋の女性全員と、久松女将にお願いして付近の芸子衆一〇〇名に協力してもらった。小麦買い付けのときに使うサーカス場のような大テントをパーティー会場として五つ張らせていて、何千人出席しても不都合がないようにしておいたのだ。また、客が帰るときのお土産二〇〇〇人分も用意し、さらに人力車五〇〇台も貸し切りで待機させていた。女将と劉《リュー》が私の依頼を実行してくれた。

こうして徐州での戦いは幕を開けたのである。

翌日は休日にして自由行動にした。美花《メイホン》と玉千代に応接室に来てもらい、積もる話をした。

私が上海へ着いたときのこと、言葉がわからないために美花《メイホン》と英文でやりとりしたこと、許可証取得のために徐州に来たときのこと、玉千代に無理にお願いして憲兵隊に行ったときのこと、小麦のピラミッドが一つ一つ貨車に積載されて消えていったときの感激、美花《メイホン》と玉千代が初めて会ったときのこと……。話は尽きなかった。

私たち三人は、運命の巡り合わせによって世界一の友達になれたのである。

開店祝いに出席してくれた美花《メイホン》と、やっと二人きりになった。彼女は明日、海州に帰ってしまう。当分会えない。彼女の部屋の窓に映る影も見ることができないのだ。しょせん自分にとっては高嶺の花だとあきらめてはいたが、やるせない思いだった。

美花《メイホン》が言った。

「支店長様、貴方《あなた》ってすごい人だわ。開店祝いに二〇〇〇人ものお客さまを招待する準備をしていたのね。とっても驚いたわ」

彼女の美しい顔を見ながら私は言った。

「支店長になったのは社長命令です。お嬢さまに支店長様と言われると困ります。今までどおり西村と呼び捨てにしてください。私は貴女《あなた》のためになればと思い、徐州へ来たのです。開店の準備は私がしたのではありません。劉《リュー》さんと玉千代さんがしてくれたのです」

「それはわかりますが、指図は西村さんがなさったのですから、貴方《あなた》がしたのと同じことです。私、さっきまで玉千代さんと一緒でしたの。皆さんが私たちを見て、『どちらがお姉さまですか?』と聞いたとき、玉千代さんが私のほうを指さしていました」

美花《メイホン》の表情は嬉しそうだった。

「美花《メイホン》さんと玉千代さんは双子のようです。だれが会っても姉妹だと思うでしょう。私が玉千代さんと初めて会ったとき、和服と支那服の違いはありましたが、美花《メイホン》さんだと思ったほどそっくりでした。お二人が仲良しになってくださって嬉しく思います」

美花《メイホン》は私に向かって微笑んだ。

「仲良し以上です。私たちは『姉妹になりましょう』と約束したのです。ところで、この度の招待のことですが、こんな大がかりな招待をなさるとは思いませんでした」

私は説明した。

「美花《メイホン》さん、通源公司は中国人商社ですが、初めての徐州進出です。先のことはわかりません。私が会社に仕えることができるのはあと二年間です。その短い間に一〇年分の仕事をして美花《メイホン》さんに受けた恩をお返ししたいと思い、大がかりな招待を考えたのです」

「西村さんは恩返しだと言われますが、それはもう返していただきました。だからそのことはもう言わないでください。実は今まで気になっていたことがあるのですが、貴方《あなた》が海州を去られてしまい、お尋ねするときがなかったのです」

「気になっていたことって何でしょうか。私のやり方に関して気になることがあれば直します。私は会社のことも大切ですが、美花《メイホン》さんに気に入ってもらいために努力しているのです」

「気になっていたことというのは、貴方《あなた》の行動を云々言っているのではありません。貴方《あなた》はだれにもできなかったこと、思いもつかなかったことを見事にやり遂げています。私はもちろんですが、全社員、そしてその家族も、どんなに貴方《あなた》に感謝しているか、それを表現する言葉がないくらいです」

だとしたら、美花《メイホン》が言う「気になっていたこと」とはいったい何なのだろうか。私は美花《メイホン》の言葉を待った。

「私が気になっていると言ったのは、いつか私が『部屋を掃除しなくてよい』と言ったとき、貴方《あなた》が大変動揺していらっしゃったことです。それ以来、貴方《あなた》は私の部屋に近づかなかった。そんなに私の言ったことが気に触ったのですか。私は掃除しなくてよいと言っただけで、近寄るなと言ったのではありません。そのことをお尋ねしたかったのです」

「それを気にしてらっしゃったのですか。そうです。たしかに動揺しました。『今日から貴方《あなた》のお母さまね』と言われましたので、お母さまの部屋を掃除するのはごく自然なことだと思っていました。美花《メイホン》さんのお部屋の掃除をしては、なんて優しいお母さまだろうと思い、机の拭き掃除をしてはお母さまを身近に感じていました。それが突然、『掃除をしなくてもよい』と言われたのです。そのとき私はこう思いました。『ああ、そうだ。美花《メイホン》さんは私ごとき逃亡者が近寄ることのできないお嬢さまで、私のお母さまではなかったのだ』

と。大きなショックを受けました。でも、わたくしごとです。忘れてください」

「そうだったの……。私、本当に悪いお母さまだったのね。許してください。貴方《あなた》から、子どものころのこと、つうさんのこと、愛宕山の想い出などを伺っておきながら、踏みつぶされたスミレの花のように、私も貴方《あなた》の心を土足で踏みつけてしまったのね。次に海州にいらっしゃったときは、思う存分、私の部屋を掃除してください」

それから二人は海州での想い出を長い間話し合ったが、途中で美花《メイホン》は何かを思い出したのか、表情が少し険しくなった。そして、こんなことを言った。

「許可証取得のために玉千代さんと初めて会った日に、兄妹の約束をしましたね。知らない者同士がたった一日会っただけで、そんなに親密になれるものかしら。なぜなの？　私たちは二年間も一緒だったのに……」

私は釈明した。

「それには理由があります。あの日、玉千代さんと長い間話をしました。そして、玉千代さんと私とが独りぼっちであることがわかり、その偶然の一致で兄妹の約束をすることになったのです」

実際はそんな単純な理由ではなかったが、何とか苦しい言い訳をした。

徐州支店オープン後は、支店に警備員二名を残して、全社員総出で次期買い付けの準備を行なった。その内容は、徐州周辺の部落やそれぞれの地区を統率している合作舎に手土産を持って巡回し、各家庭の状況を調べて記録して、それに応えてあげるといったものである。

その効果があって、営業開始前の仕入れが二〇〇〇俵だったのが、その後毎年一〇倍ずつ増え、二年間で四万俵の買い付けに成功したのである。買い付けが始まったとき、一輪車の左右に小麦を乗せた車夫たちが集荷場に集まる様子はとても壮観なもので、八方からアリの行列のように一輪車が並び、それが地平線まで続いていたのだった。

徐州から西に五〇キロほど行った村で、買い付け業務をするために農家の離れの部屋を貸してもらっていたことがある。

その日は一〇月末の夜で、月の光が輝いていた。

そこは治安の悪いところだったので、私は憲兵隊からモーゼル自動拳銃を貸してもらっていた。

午前二時ごろだった。月の光が窓ガラスを透かして私の布団の上に青い光を投げかけていたが、その光がときどき遮断されるのである。

月の光が遮られる間が、少しずつ短くなった。何者かが窓の付近を歩いているのだろう。徐々に人数が増えているようだ。人のざわめきが聞えてきた。賊が私を殺しに来たのだ。

数日前、台利荘というところで日本人が七名殺された直後だったので、私も殺されると直感した。そういうことにならないように中国人との和を考えてきたのだが……。

美花《メイホン》の美しい顔が見える。玉千代の顔も見えてきた。生きる屍となって支那に逃亡して三年、二十年にも満たない自分の生涯がこれで終わるのだ。「美花《メイホン》さん、貴女《あなた》を愛しています」と、思い切って言えばよかった。

覚悟を決めてモーゼルを探したが、手の付近にはなかった。万事休す。メイファーズ……。

私は息を止め、殺される瞬間を待っていた。人のざわめきは大きくなり、入口のドアをこじ開ける音が聞えてきた。ドアが開いた。賊が土足のままでついに侵入してきたのだ。ズッズッと足を擦る音がして、それが私の枕元で止まった。青竜刀を振り上げているに違いない。そのとき、まただれかが侵入してきた。入口の棚には、日本への土産品と思い、中国の一円銀貨一〇〇〇枚を入れた木箱を置いていたのだが、その木箱がガチャンと大きな音を立てて落ち、箱が砕けて中身の銀貨が散乱した。

どうしたことか、賊は青竜刀を振り下ろしてこない。相手が何を考えているのかわからなかった。「俎上の鯉」というのを漢文で勉強したことがある。私の今の状態を言うのだろう。自らの体でそれを知るとは思わなかった。

そのときなぜか、美花《メイホン》が「メイファーズ」の意味を語ってくれたことを思い出した。五〇〇〇年の歴史を生きてきた中国人は、一年もかかって作った小麦を賊に取られても抵抗せず、「メイファーズ（仕方のないことだ）」と言って、また小麦を作るのだという。フーチン（父親）が死んでも「ナースーメイファーズ」と言って笑い、生きて行くのだ。中国人は俎上の鯉になっても「メイファーズ」と言って死んでいく。中国人の「メイファーズ」という言葉は、それほど大きな意味を持っているのだ。

美花《メイホン》は私に言った。

「貴方《あなた》は日本で失恋し、勉学の希望を失って生きる屍になった。ナースーメイファーズ。何もかもあきらめて私についていて生きていくのです。貴方《あなた》は常に独りぼっちだと言いますが、私がいるでしょ？」

私は美花《メイホン》とのことを思った。そして、

「スー、メイファーズ！」

と叫んだのだった。

そのとき、不思議なことに、体がスーッと楽になった。気が付くと、あれほど探していたモーゼルを手に持っているではないか。私は引き金を引いた。二〇発。ものすごい音だ。

そのとき、部屋の入口のほうから、私のシークレット数名の声が聞こえてきた。

「西村様、どうなされましたか？」

私はランプに火をつけ、立ち上がった。

部屋の中は自動拳銃の乱射によって穴だらけになっていた。ふと見ると、入口に一円銀貨が散乱していた。私は入口を開けてシークレットに言った。

「トイプシー（大変すまなかった）。銃が暴発したんです」

シークレットは部屋の中を見て言った。

「タイランチパーナ（ずいぶん荒れていますね）。明日、整頓します」

この事件での真実は一つだけだった。モーゼルの乱射によって銀貨が散乱していた。それだけは本当だったのだ。そのほかは全部、私の妄想だったのである。しかし、これは私に対する示唆で、「注意せよ」ということだと思った。

美花《メイホン》が海州に帰るとき、私にこう言った。

「貴方《あなた》は頭が良くて、多くの難題を解決した偉大な人です。すべてに注意して体を守るのですよ。決して私や妹を泣かせないでね」

そう優しく言ってくれたのだった。

この事件があってからシークレットを増員した。そのシークレットたちと一緒に農家を訪問し、その回数も増やした。

私は農家を訪問しながら農民の生活を補助していった。

たとえば、結婚するときに結納金として小麦一〇俵、黒豚五頭を用意できなければ結婚が成立しないと聞いたときは、シークレットに指示してそっと届けさせ、病気で悩んでいる者がいれば、胃腸の掃除方法を教えて、薬に頼らないこと、食物はできるだけ少なくすること、水を多く飲まないことなど、健康法を指導して回ったりした。その四〇年後に私は胃腸清掃法を開発したわけだが、このころからすでに予備知識を持っていたのだろう。

仕事は順調に進み、私がとった「和を第一」とした方法が大きな効果をもたらした。徐州で仕入れた小麦は売るときには仕入価格の三〜四倍にもなる。仕入価格分相当のお金は運動資金として全額私の自由になったので、何億という私の預金が買い付けのたびに蓄積されていった。

小麦買付け運動のため、徐州から一〇〇キロほど奥地に行った村に滞在していたときのことである。

夜の十一時になると、人の呻《うめ》き声が聞こえてきた。例によって私の妄想が始まったのかと思ったが、次の日もその次の日も、夜の十一時になるときまって呻き声が聞こえてくる。その声の先は、どうやら床下のようだった。

数日後、同行の社員三人に依頼して床下を調査してもらったが、なんの変化もない。彼らに懇願して一緒に泊まってもらった。やはりその夜も呻き声がしたが、社員には聞こえなかったらしい。

私はそのとき、母のことを思い出し、母に手紙を送った。私が六歳のとき、宇都野神社に奉納する白と赤の餅を透視できた母なら、きっと何かわかるに違いないと思ったのである。

さっそく母から手紙が返ってきた。

「二十日ほど前から、夜の十一時になると人の呻き声が聞こえていた。おまえのところだったんだね。床下の土が汚染されています。近くの寺に行き、和尚さまに相談してみるがよい」

そこで、徐州の雲龍山寺の住職に来てもらい、土を川砂に取り換えることになった。五〇センチほど掘り進んだとき、五人もの人の白骨が現れた。丁寧に掘り出し、お寺に埋葬してあげると、それ以来、呻き声はぱたりとしなくなった。


そのころ、仕入先の親方に招待されて上海へ同行した。

「西村さん、二度と見ることのできないレストランを見学させてあげるよ」

親方はそう言って、中国人の会員しか入れないレストランに私を連れていった。

レストランの内部には迷路のような通路があって、のぞき窓が並んでいた。親方がのぞき窓を見ろと言うので見てみると、一六歳ぐらいの少女が自慰行為をしている。その女性を気に入ったときは、そばにあるボタンを押すと寝ることができる仕組みになっていた。

突き当たりの部屋の入口で、親方が暗号めいた番号を言った。すると、間もなくしてドアが開いたので、二人で番人についていった。その部屋は阿片の吸引室になっていて、二〇組ぐらいの男女が性行為をしながら阿片を吸っていた。私はぶったまげてしまった。阿片を吸引する人たちがいるのは知っていた。だから、吸引している姿を見ただけならそんなに驚きはしなかったと思う。しかし、私は女性の裸も見たことがないのだ。目の前で素っ裸になって性行為をしたり、女性が陰部丸出しで自慰行為をしたりしている。私は息が詰まり、倒れそうになった。

親方がそんな私の顔を見て言った。

「西村さん、あんたは女と寝たことがないのかね。これは驚きだ」

私は親方に深々と礼をして、その場から解放してもらった。上海は怖いところだと聞いていたが、さすがは国際都市だと思った。

徐州に戻ると、玉千代がとてもこわい顔をしていた。

「お兄さま、私の部屋へ来て」

何の用事だろうと思って玉千代の部屋に入ると、いきなりこんなことを言われた。

「お兄さまは、利国(徐州の北五〇キロのところにある村)の親方と上海へ行きましたね。あの親方は今まで農家の娘を何人も買って、上海のレストランへ売り飛ばした人です。人身売買が本職です。そんな人と……。お兄さまのバカ、バカ。私、美花《メイホン》さんに合わせる顔がないわ」

そう言って泣き出したのである。私はあわてて言った。

「玉千代さん、私はそんな所とは知らなかったのです。ビックリして飛んで帰ってきたのです」

「上海では何を見てビックリしたの？」

「とにかく、ビックリしました。親方がのぞき窓から中を見ろと言うので見てしまいました。それまで私は女性の裸を見たことがありませんでした」

玉千代はブリブリ怒りながら質問をぶつけてきた。

「女の裸を見てそれからどうしたの？」

「ビックリして息が止まりそうになって、帰ってきました」

「本当にそれだけなの？」

「本当です」

なんとか信じてもらえたようだった。

ところが数日後のことである。

「至急、海州に来るように」と、美花《メイホン》から呼び出しがあったのだ。

玉千代と違って、美花《メイホン》はそう簡単には許してくれないだろう。困った。何と言い訳すればよいのか。こんなに困ったことは初めてだった。

美花《メイホン》に愛してもらいたいがために努力してきたのに……もう駄目だ。メイファーズ……。

翌日、海州の通源公司の門を入ったときは、死刑台に上るような気持ちだった。美花《メイホン》が学校から帰ってきた。今までは彼女が帰って来るのが楽しかったが、今日は違う。

「西村さん、私の部屋に来なさい」

うわずったような声だった。

「玉千代さんの手紙を見たとき、天地がひっくり返ったかと思いました。貴方《あなた》を殺してやりたいと思ったわ。顔をこちらへ出して」

思い切り叩かれた。私はたしかに悪い所へ行ったが、何も知らなかったのだ。しかし美花《メイホン》は、私が悪の道に染まったと思ったのだろう。それで思いっきり私の頬を叩いたのだ。

倒れるほど強い衝撃だった。だが、それは愛の鞭なのだ。そう感じたとき、頬の痛みは喜びに代わっていった。

「そこで何もなかったとは思いません。話によっては本当に貴方《あなた》を殺すわよ」

美花《メイホン》は青い顔をして、ホッペタが引きつっていた。

「私はそんな所だとはまったく知らなかったのです。とにかくビックリして飛んで帰ってきました」

「本当に何もなかったのならよいですが、あの親方は貴方《あなた》に女を与えたり、貴方《あなた》を麻薬中毒者にするつもりだったのです」

「あのとき親方は、『西村さんは女と寝たことがないのかね』と笑っていました。私はブルブル震えながら『はい』と答えて、『帰ってよいですか』と聞いて許しをもらってレストランを出てきたのです。親方は利国地方の小麦の買い付けに全面的に協力してくださった人ですから、『上海に招待します』と言われたときは、気楽なつもりで招待に応じました。玉千代さんには親方の招待とは言わずに、商用で上海に行くと言いました」

美花《メイホン》は厳しい目をしながら、じっと私の言葉を聞いていた。私は話を続けた。

「徐州に帰ったとき、玉千代さんは、『美花《メイホン》さんに貴方《あなた》を守ってくださいと頼まれていたのです。私は美花《メイホン》さんに合わせる顔がない』と言って泣きました。そして私はひどく叱られました。でも何もなかったことを信じてくれました。美花《メイホン》さん、後日、美花《メイホン》さんが親方に会ったら、私の話が本当かどうか聞いてみてください。私はお嬢さまに上海で拾われてから今日まで、お嬢さまを裏切ったことも、約束を守らなかったことも、ウソを言ったこともありません。そして、これからも絶対にありません」

必死の思いで事情を説明する私を見て、美花《メイホン》は信じてくれたようだった。そして、もとの優しい顔になった。

「そうだったの。ああよかったわ。私は玉千代さんの手紙を読んだとき、失神しそうになりました。今だからお話ししますが、私が育てた西村さんが立派になってくれて、どんなに嬉しく思っていたことか。そして、一人で徐州に送っても大丈夫だと、信じきっていました。ところが、玉千代さんの手紙を読んで、『私が生まれて初めて愛した人が女や麻薬を与えられてしまった。それは貴方《あなた》を一人で徐州に行かせた私の責任だ』と思い、貴方《あなた》を殺して私も死ぬつもりだったのです。この四日間、私は食事もしていません。学校も退学したのですが、理由が不備なため、今は保留になっています。貴方《あなた》は私を死ぬほど心配させたのです。だから、叩かれても当然でしょう。でも、痛かったでしょ。ごめんなさい」

「痛かったです。でも、よっぽどショックだったのですね。もっと叩いてください。お嬢さまの手が私に触れたのは初めてです。嬉しく思います」

「じゃあ、もっと叩いてあげる。今夜は寝させないわよ」

美花《メイホン》は私のことを、「生まれて初めて愛した人」と言った。美花《メイホン》に愛されている。片想いではなかったのだ。嬉しくて涙が止まらなかった。

美花《メイホン》のために自分の身を犠牲にし、愛してもらいたいがためにどんなに努力してきたことか。私は嬉しくて泣きながら言った。

「大好きなお嬢さま、ありがとう。生涯この喜びは忘れません。しかし、私は間もなく死ななければならないのです。私の分も長生きしてください。いつか言っていましたよね、私たちは戦争によって引き裂かれる運命だと。スーメイファーズ……」

その後、私たちは四年間の思い出を心ゆくまで語り合った。気がつくと、いつの間にか夜が明けていた。


谷口政雄の神示によると、日本陸海軍は地球上から抹殺されるという。そこで私は、戦争終了時の避難先として香港に徐州支店と同じ規模の支店を創設した。

また、私が一四歳のときに東京日比谷の音楽レストランで余興として日本舞踊が演出されたことを思い出し、天津に大掛かりな音楽喫茶店を開業した。開店日には、美花《メイホン》、憲兵隊、関東軍、付近の農民を招待し、軍人には無料券を発行した。

支那を去る一カ月前、美花《メイホン》とたくさんデートをした。こんなに愛し合っている二人がもう会えないのだ。戦争という巨大な歯車に乗せられ、二人は引き裂かれていく。人の世でこれほど残酷なことはない。

美花《メイホン》は緊張した面持ちで私に言った。

「私、学校を休んで昨日から玉千代さんと一緒でした。玉千代さんは来月から私のところへ来ることになりました、玉千代さんの部屋は西村さんがいた部屋だと教えると、とても嬉しそうでした。玉千代さんは貴方《あなた》を好きなようです。お仕事は私の補佐役で、週三日は天津喫茶部で日本舞踊に出演します」

美花《メイホン》の話を聞いて、私がしなければならないと思っていた玉千代への恩返しができたと思い、心安らかになった。

「今日は今まで心に残っていたことを全部お話しさせていただきます。聞き苦しいことがあっても許してください」

と前置きして、美花《メイホン》は話をし始めた。

「私と貴方《あなた》とは上海以来、一緒でしたね。貴方《あなた》のことはだれよりもよく知っているつもりでした。ところが、玉千代さんは貴方《あなた》について私の知らないことを知っていました。昨夜玉千代さんは、夜通し貴方《あなた》のことについて、口止めされていたことも何もかも話してくださいました。貴方《あなた》が初めて徐州に行ったとき、貴方《あなた》がどんなに悩み苦しんだか、その心の中を私は何も知りませんでした。すごい話でした。私はビックリして、目の前が真っ暗になって倒れてしまいました。私は、しばらく休んでから玉千代さんに言いました。『倒れてしまってご心配かけました。だってこんなにすごい話は生まれて初めて聞いたのですから』と。西村さんが許可証取得の大任を引き受けられたとき、ご自分の命を捨ててまで私を助けようとなさったのね。とても嬉しかったわ。ありがとう。ただ一つ悲しく思うのは、玉千代さんには心の内を話せても、私には話してくださらなかったということです。しかも一カ月後、貴方《あなた》は戦争に行ってしまい、私とは永遠に別れなければならないのに、黙って支那を去るつもりだった。私は今まで貴方《あなた》を嫌いに思ったことは一度もありませんでした。でも今は大嫌いです。ずるいです。私より玉千代さんを信じるなんて悔しいです」

美花《メイホン》の怒りの声を聞いた。それは愛の、しかも痛烈な叫びでもあった。

「美花《メイホン》さん、貴女《あなた》を信じなくて話さなかったのではありません。貴女《あなた》は私の命の恩人であり、先生であり、言葉のわからない赤ちゃんの私を育ててくださったお母さまです。ですから話せなかったのです」

美花《メイホン》はわかってくれたようだった。思えば長い道のりだったが、美花《メイホン》はやっと私を受け入れてくれたのだった。

別れる日が近づいてきた。美花《メイホン》は日に日に美しくなっていった。制服の胸元が飛び出している。目のやり場に苦しんだ。美花《メイホン》は微笑みながら言った。

「西村さん、久しぶりに会ったのに、なぜ横ばっかり向いているの？　私の顔、見たくないみたい」

「とんでもありません。貴女《あなた》がますます奇麗になって、私にはまぶしいから横を向いていたのです」

「そうですか。ではサングラスをかけたら？」

美花《メイホン》の冗談で気楽に話ができるようになっていた。美花《メイホン》は思い出話をした。

「貴方《あなた》が雑役夫をなさっていたころ、トイレの改良案をお出しになったわね。あのとき父は非常に驚いた様子でした。『これまで雑役夫は何人も出入りしたが、改良を考えた人はいなかった。西村は人の嫌がることを率先して引き受け、さらに改良まで考える。それに彼の描いた図面は素晴らしい。気に入った』と言って貴方《あなた》の案を導入してトイレを全部取り壊し、作り直させたのです。『浄化槽も水洗設備もない地区がごまんとある。西村式トイレを普及させるべきだ』と言っていました。西村さんは何をしてもそれに熱中できるのね」

美花《メイホン》はしばらく目を閉じていたが、やがてゆっくりと口を開いた。

「玉千代さんと一日会っただけで兄妹の約束をなさった理由を聞いたとき、貴方《あなた》は『お互い偶然にも独りぼっちだったから』と言っていましたが、私は、『それだけのことかしら？もしかして私に話せない特別な理由があったのでは？』と、この二年間、心を痛めていきました。でも、玉千代さんの口から、貴方《あなた》の痛烈な私への愛の告白を聞き、自分の愚かさを知りました。貴方《あなた》が徐州で大変な苦労して玉屋を探し当て、玉千代さんに許可証取得をお願いなさった。そのときの状況をすべて話してくださいました」

そう言って美花《メイホン》は私と玉千代との間で交わされた話の内容を、玉千代から聞いたとおりに事細かに語り出した。それはこんな内容である。

西村「今までに申し上げたとおり、美花《メイホン》さんに受けた恩はとても返せそうもありません。私は二年後には入隊しなければならないからです。その恩を返させてくださるなら、私の身に何があろうと悔いはありません。無事に小麦の積み込みが完了しましたら、謝礼として一億円差し上げます。そして私が入隊するまで貴女《あなた》のサーバントになってお仕えします」

玉千代「謝礼するとおっしゃるのはよくわかりますが、入隊まで二年間、私のサーバントになるというのは本気ですか」

西村「本気です。許可証をとってくだされば、どんなことでも玉千代さんの指示に従います」

玉千代「そう……。海州に帰らなくてもよいのですか。美花《メイホン》さんは貴方《あなた》の決心を知らないのではありませんか。どうも貴方《あなた》の話には矛盾があり過ぎます。私は得心できません」

西村「この一件を引き受けたとき、成功するとは思っていませんでした。私は無一文です。受けた恩を返す方法がありません。万に一つ成功すればと、大きな賭けをしたのです。もしこの賭けに負けたとき、美花《メイホン》さんに合わせる顔がありません。負け犬になって死ぬしかない。『美花《メイホン》さん、この二年間ありがとう』と、心の中で別れを告げて海州を出てきたのです。そんな理由《わけ》で、美花《メイホン》さんは何も知りません。美花《メイホン》さんを救えるなら私一人の犠牲など安い代償です。先ほど久松女将から聞きましたが、玉千代さんが中国人商社のパーティーに招待されたとき、言葉がわからないので困っていられるとのことでした。私を使ってみてください。お願いします」

玉千代「わかりました。西村さんってすごいわ。自分の身を捨ててまでこの大任を全うしようとなさっている。本当に美花《メイホン》さんのことを愛しているのね。恩を返すのが本当の目的ではないでしょう？　貴方《あなた》は私のサーバントになるとおっしゃいますが、身も心も美花《メイホン》さんに吸い取られた人なんて大嫌いです。サーバントとして私のそばにいられたら迷惑です。ですから、サーバントの件はお断りします。謝礼もいりません。貴方《あなた》の真心を汲んで許可証を取ってさしあげます。ただ、一つだけ条件があります。私は独りぼっちです。私のお兄さまになってください」

このような経緯で玉千代と私が兄妹の契りを結んだことを、美花《メイホン》は玉千代から詳しく聞いたのだった。さらに、玉千代は美花《メイホン》にこんなことを言ったという。

「この二年間、西村さんのために週二日お仕事をさせていただいて、西村さんの素晴らしさを知り、好きになりました。でも、西村さんの心の中は美花《メイホン》さんへの想いで一杯でした。私の入る余地はなかったのです。兄妹の約束をした日、西村さんは私に言いました。『美花《メイホン》さんを愛していたことだけは支那を去るまで秘密にしてほしい』と。それで私は美花《メイホン》さんに今までお話ししなかったのです」

玉千代から聞いた話を一気にしゃべり終えると、次に美花《メイホン》は自分の気持ちを話し出した。

「玉千代さんは、このほかにも私の知らなかったことを話してくれました。私は嬉しくて嬉しくて玉千代さんにしがみついて泣きました。貴方《あなた》は命懸けで私を愛してくださっていたのね。それなのに私は何も気づかず、ごめんなさい。徐州へ出発するとき、貴方《あなた》は私と別れるつもりだったのね。あのとき私は、貴方《あなた》の話し方が少し変だとは思いました。でも、貴方《あなた》の本心は知らなかったのです。それにしても、私を愛しているから玉千代さんのサーバントになるという話は、今考えてもゾーッとするわ。そしてもう一つ、絶対に許せないことがあります」

許せないこととはいったい何だろう……。私は美花《メイホン》の言葉を待った。

「貴方《あなた》は、もし許可証取得に失敗したら切腹して私に謝罪すると言っていましたが、謝罪とは何ですか。いったいどんな罪を犯したと言うのですか。大のおとなが取れなかった許可証を未成年の貴方《あなた》が取得に失敗したとしてもそれは当然です。あのとき貴方《あなた》は、『私は少年ですが、日本人です。万に一つの見込みがあります。この大任を引き受けさせてください』と言いましたね。万に一つということは、駄目でもともとということでしょ？　『入隊までに恩が返せないから』とも言っていましたが、恩はとっくに返していただいています。最初の二年間、雑役夫として三人分以上の仕事してくれました。トイレ掃除はほとんど貴方《あなた》がやっていました。それに、西村式トイレを考案するなど、大きな役割を果たしてくださいました。

父はこう言ったのです。『西村の忠勤ぶり、物の考え方は驚嘆に値する。雑役夫では彼の能力は発揮できない。一般社員に転職させなさい』と。それで私は何度も転職を貴方《あなた》に勧めましたが、貴方《あなた》は『お嬢さまの命令なら仕方ありませんが、そうでなければ、このままで働かせてください』と言って、人の嫌がる仕事を情熱を持って続けてくださいました。私はこんな素敵な人に巡り会えたことを感謝していました。

人一倍聡明な貴方《あなた》が、私の気持ちをわからなかったはずはありません。でも、貴方《あなた》は一度も私を抱いてはくださいませんでした。死ぬほど私を愛しているのに、なぜですか。別の理由があったからでしょ？　その理由を話してください。話してくださらなければ、貴方《あなた》は命を賭けて私を守ろうとなさったのですから、今度は私も命を賭けて、たとえ罪に問われても貴方《あなた》を日本に帰しません」

美しい美花《メイホン》の顔が青ざめていた。

「わかりました。お嬢さまが気付かれたように、私には貴女《あなた》に近寄れない大きな理由があります。貴女《あなた》に救われて海州に着いた日に、『今日から貴方《あなた》のお母さまよね』と言われたとき、私は貴女《あなた》の胸の中へ飛び込みたいほど嬉しかった。そしてその日から、自分の立場も考えずに大恩あるお嬢さまを愛するようになったのです。

ランプの光で窓に写し出されるお嬢さまの影を見て、胸がときめいていました。貴女《あなた》が学校から帰るのを待っているだけでも楽しかった。お部屋を掃除していると、ほのかに立ち昇るお嬢さまの匂いを感じ、息が詰まる思いでした。そんなある日、『私の部屋の掃除はしなくてよい』と言われ、崖から突き落とされたような気持ちになったのです。ハッと我に返り、お嬢さまの優しさに甘えすぎていたことに気づき、私のお母さまではないと思ったのです。貴女《あなた》は遠い人になってしまいました。雑役夫として一生懸命働いたのも、大任を引き受けたのも、貴女《あなた》に愛してもらいたいという一念からでした。私は間もなく死んで行く身ですから、何もかも自分の胸に押し込んでおくつもりだったのです」

私の心の内をわかったというようにうなずくと、美花《メイホン》はこう言った。

「そんなに私に愛してほしかったの……。私は上海で会ったときから貴方《あなた》が好きでした。上海の北四線路の街角でバイオリンを奏でていた貴方《あなた》を見て、『日本人がファーズイヤン(乞食)になっている。きっと深い訳があるのだわ』と思い、毎日同じ時間に行って人力車《ヤンチョ》の中から貴方《あなた》を見ていたのです。話したかったけれど、中国語はわらないだろうと思って話ができませんでした。

日本語が少しわかる劉《リュー》さんに頼んで通訳してもらうつもりで行ったとき、貴方《あなた》は憲兵に捕まっていました。貴方《あなた》が私を好きになる前に、私のほうが先に好きになっていたのです。『青い目の人形のように、私は言葉がわかりません。私のお母さまになってください』と英文を書いて私に見せたとき、どんなに嬉しかったことでしょうか。そういう面では、貴方《あなた》は鈍感だから何もわからなかったでしょ？　私は生まれたときに母を失い、父の手一つで育てられました。当然、兄弟はいません。貴方《あなた》と同じように独りぼっちです。学校から帰ってきても、待っていてくれる人はいません。

ところが、貴方《あなた》が来てからというもの、私の帰りを待っている人がいると思って、毎日学校から帰るのがとても楽しみでした。私が、部屋の掃除はしなくてよいと貴方《あなた》に言ったのは、いくら私が上司だといっても、私の大好きな人に自分の部屋を掃除させることに抵抗を感じたからです。貴方《あなた》が私の部屋に入るのが嫌だったのではありません」

美花《メイホン》が言うように、私は鈍感だったのだ。美花《メイホン》が私のことを想ってくれていることがわからず、「掃除しなくてよい」という言葉の真の意味をくみ取ることができなかった。美花《メイホン》の気持ちがわかっていたら、あんなに苦しむことはなかっただろう。しかし、それも過ぎたことだ。いま私の目の前にいる美花《メイホン》は、私への愛をこうして告白してくれているではないか。

そんなことを考えながら、私は美花《メイホン》の言葉を聞いていた。

「海州での二年間というもの、二人きりのときが数えきれないほどあったのに、貴方《あなた》は私を愛しているという素振りを一度も見せなかったわ。恩人だからと貴方《あなた》は言いますが、玉千代さんだって恩人でしょ？　同じなのに、玉千代さんには一度会っただけで『好きです』と言った。でも、私には言わない。そのうえ、私を死ぬほど愛していたのに、黙って死んでいこうとした。『失敗したら雲龍山の住職に頼んで、骨を灰にして川に捨ててくれ』とおっしゃいましたが、よくもそんなランチバーナ（でたらめ）なことが言えたわね。許せないことが一杯あります。でも、私への愛情は計り知れないものがあるのね。愛してくださってありがとう。でも、私たちはどんなに愛し合っても、戦争によって引き裂かれる宿命なのよね。メイファーズ……」

美花《メイホン》が言うように、二人の愛は戦争によって引き裂かれる運命にあった。

昭和一八年（一九四三年）、私は入隊の時を迎えた。召集令状が来たのである。呉海兵団入団を命ず——召集令状に記された一文は、死ねという命令でもあった。

振り返れば、私が上海へ逃亡し、美花《メイホン》に出会って海州で過ごした二年間は、あっという間に過ぎ去っていった。

徐州で命懸けの大任を果たして再び海州へ戻ってきたとき、私は、美花《メイホン》が喜びを露わにしながら私を抱き締め、猛烈なキスをしてくれると思っていたが、「よくやったわね。ありがとう」の一言だけで、それほど喜んではくれなかった。だから、私はなおも挑戦を続けたのだ。

この限られた二年間で五倍の仕入れと売上げを達成してやろうと中国全土を飛び回り、売上先を北京だけにとどめず、済南の丸三製粉や天津の小野製粉の仮受注にも成功し、小麦の仕入先も各地区の合作舎と仮契約するに至った。

そして、縦来の取引量二〇〇〇俵を一〇倍の二万俵にした。二年間で四万俵、実に二〇年分の大事業を達成し、通源公司・徐州支店を磐石な状態にまで築き上げたのである。

私の仕事が無事に終わった日、徐州支店のテント会場に関係者全員を招待してお別れの宴を開いた。

「皆様、この二年間ありがとうございました。徐州支店設立の日、私は皆様の捨て石となると約束しました。それが達成できました。約束どおり私は間もなくこの地を去っていきます。二度とお目にかかることはありません。西村という日本人が中国商社・通源公司に多大な貢献を与えたことを記憶しておいてください」

宴会が終わり、美花《メイホン》と二人っきりになった。

「お嬢さまと出会ってこの四年間、私はお嬢さまのために働くことができたことを喜びに思います。大好きなお嬢さまを心の中で抱き締めて日本に帰ります」

美花《メイホン》は泣いていた。

「貴方《あなた》は本当に馬鹿だと思います。四年間も私が好きで命を賭けてまで愛していたのに、私を抱こうとはしなかった。私も馬鹿だったわ。貴方《あなた》が利国の親方と上海へ行ったあのときに貴方《あなた》を殺しておけば、今日の悲しい思いをしなくてすんだのに……。私が教えた『メイファーズ』を守るなら、教えないほうがよかったと後悔しています」

しばらく沈黙が続いた。

「お嬢さまが部屋の掃除をしなくてよいと言ったあのとき、本当の理由を言ってくださったら私は苦しまなかったと思います。でも、楽しかった。貴女《あなた》に叩かれたときは最高でした」

美花《メイホン》は恥ずかしそうな表情を浮かべた。

「それは言わないでください。信じきっていた人が阿片レストランに行ったと聞けば、だれでも逆上しますよ。それから、『掃除をしなくてよい』と言ったときのことですが、私に本当の理由が言えるはずはありません。貴方《あなた》も私に『好きです』と言えなかったのですから、お互い様です。二人とも若すぎたのです」

接待が終わったのだろう。そのとき玉千代が姿を現した。

「お兄さま、後片付けが終わりました。今日は大変でしたね。お兄さまの最後のスピーチを聞いて二〇〇〇人の来席者全員感動していました。最後に中国語で同じスピーチをされたとき、通源公司の社員、その家族の方々がみんな泣いておられました。もちろん私も泣きました。

お話ししようと思っていましたが、お兄さまが利国の親方と上海に行かれたことを美花《メイホン》お姉さまに報告したとき、お姉さまのお怒りようと言ったらすごかったわよ。気が狂ったようでした。私がお兄さまをサーバントにしていたら、お姉さまは自殺なさったと思います」

私は、美花《メイホン》と玉千代を交互に見ながら言った。

「私たち三人はいろんなことがありましたが、いまは大の仲良しですね」

そして、話題を変えて、今後のことについて二人に告げた。

「ところで、先日お話ししましたとおり、香港への引っ越しは年内に実行してください。香港では小麦を二万俵貯蓄してありますので、皆さんの食糧に事欠くことはありません」

ちなみに、中国人の主食は小麦を原料としていて、主に次のようなものを食べている。

一、シーファン：タンメンに使用する汁に小麦粉を混入したもの（シーファンワンラマは朝の挨拶である）

二、ショーピン‥小麦粉を練って軟らかくし、焼いたもの。
三、ユーテヨオ‥小麦粉にふくらし粉を入れ油で揚げたもの。
四、つうメン　‥小麦粉を練って紙のように薄く延ばして焼いたもの。
五、フンテヨー‥日本の油揚げに似ている。
六、マントー　‥蒸かしパン。
七、ラースメン‥日本のラーメンとは違って麺より肉の糸が多い。
八、タンメン　‥日本のタンメンと同じ。
九、ツマ油　　‥ゴマ油のこと。言うまでもなく小麦とは無関係だが、中国人にとって必要不可欠な油である。

私は話を続けた。

「現在使用している中国連合準備銀行紙幣は紙クズになります。年内に香港ドルに換えてください。お渡しした巨額な香港預金は貴方《あなた》方のものです。通帳と印鑑は大切に保管してください」

その日の夜、美花《メイホン》、玉千代、久松女将、劉《リュー》を会議室に召集した。

「皆さん、私は明日この地を去ります。再び会うことはありません。長い間私の指示に従ってくださったお陰で徐州支店は目的が達成できました。ありがとうございました」

ひと呼吸置いてから、改まった口調で私は言った。

「ここで重大なことを申し上げます。これからお話しする内容の一部を漏洩しますと銃殺されますから、充分注意してください。それについて話をする前に、私の叔父のことについてお話ししなくてはなりません」

みな真剣なまなざしで私の言葉に注意を向けていた。

「私の叔父・谷口政雄は足利尊氏の系列にあたる人です。その政雄の体内に先祖の神様が宿り、神示といってお告げが下りるのです。最初のお告げがあったのは今から八年前のことです。それは、『この戦争は一〇年後に負ける。財産を処分して日本に帰れ』というものでした。叔父は昭和七年に満州に渡り、製塩業を開設して日本陸軍（関東軍）へ納入して巨満の富を持っていましたが、お告げに従って財産を処分し、日本に戻ってきたのです。

二回目のお告げは、『お前の屋敷の下に先祖の神社の柱が埋まっている。五〇センチ×五〇センチ×四メートルの柱だ。四本埋まっているのでそれを掘り出せ』というものでした。掘り出し作業は大変なもので、村中の人を総動員して五カ月かかって掘り出しました。

三回目は、『お前の裏山に方位を示すような自然石があるから探せ』というものでした。谷口家の裏に三つの持ち山があり、その一つから神示どおりの石を発見しました。現在は注連縄《しめなわ》を張って保存されています。

四回目のお告げは、『その石が指し示す方角に同じ形の石があるから探せ』というものでした。これは難航を極めました。鳥取から縦断する形で、野を越え、山を越え、人家の中も通って四国にまで渡り、ついに発見したのです。叔父は築き上げた全財産を使い果たしましたが、叔父に下りた神示は常に正しかったのです」

続けて、私は叔父から聞かされていた重大なことを話した。すなわち次の五つである。

一、一〇年後と言えばあと二年である。

二、日本陸海軍兵は全員戦死する。

三、関東軍も全滅する。

四、支那在住の日本人は殺される。

五、泥棒の天下となる。

「以上の五項目は、今より八年前に叔父の体を通して伝えられた神示です。この五項目は絶対に漏洩しないよう守ってください。そこで、皆さんの安全のために、財産を香港ドルに交換して、香港銀行に預金しなくてはなりません。通源公司・徐州支店、天津支店、海州本店も徐々に縮小して、最終的に香港に移動すること」

さらに、美花《メイホン》と玉千代には最後の通達をすることにした。

「これは私が徐州に来て二年間で蓄積した預金です。内訳はこのとおりになっています」

一、通源公司徐州支店　一五〇〇万円（現在の四五億円）
二、張　美花《メイホン》　五〇〇万円（現在の一五億円）
三、張　紅花　一〇〇万円（現在の三億円）
四、張　天花　三〇万円（現在の一億円）
五、劉《リュー》　直和《シンホア》　三〇万円（現在の一億円）

「徐州支店開店の際、支店長名を張美花《メイホン》として届けてあります。運動資金として海州通源公司社長より受け取りました中から、私の預金が六九〇万円できましたので、そのうちの六六〇万円を皆さんに分配いたします。この預金は香港銀行に預けてあります。玉千代さんは美花《メイホン》さんと姉妹になられたのですから、紅花《ホンホン》と改名して中国人になること、久松女将は紅花《ホンホン》の叔母・天花《テンホン》と改名して中国人になること、劉《リュー》さんは香港支店の建設を早めること、美花《メイホン》さんは通源公司を早く移転すべく社長に話すこと。ただし、先ほどの五項目が漏洩しないよう真実は教えてはなりません。

小麦の買い付けは来年度で終了として、残袋は香港支店へ移送してください。そして、海州、徐州、天津全支店を香港へ移籍するのです。以上を必ず実行してください。手遅れになりますと、すべての財産は水の泡となります」

翌日、私は軍票一〇〇円札（今の三万円に相当）一〇〇枚を束にしたものを三〇個用意、金額が大きいので憲兵隊に封印してもらったトランクに入れて徐州駅へ向かった。

徐州構内は、通源公司の社員とその家族、小麦の積み込みをしてくれた労働者、農家の人々、駐屯していた兵隊さん方、憲兵の方々、喫茶店の従業員、玉屋の芸子衆で一杯だった。だれも彼も知った人たちだ。懐かしい顔もある。友達に恵まれなかった私に、こんなに多くの友達ができて嬉しかった。美花《メイホン》と玉千代は天津まで同行することになった。

「西村大人、万歳！　万歳！」
列車は静かに動き出した。一人の青年が列車に走り寄って叫んだ。
「ニンツンゴレン、シーツェン、ノースラ」（貴方《あなた》は中国人だ、西村、死ぬなよ）
私たちには国境はなかった。懐かしい人々の涙の顔が遠ざかっていった。広大な徐州駅構内が視界から消えた時、通源公司が見えた。屋上で誰かが大旗を振っている。私の青春の血と汗で築いた城だ。二年間で二〇年分四万表の買い付けと売上げを達成したのだ。買い付けができても売上げが果たせなければならぬ。私は両立させるために、中国全土を走り回った。最初の二、三日は農家、次の二、三日は売上先、北京、天津、青島と大きな戦いに勝たせてもらった語りつくせない思い出のあった徐州よ、さようなら。それは青春との告別でもあった。

私と美花《メイホン》、それに玉千代の三人は、一等展望車から個室に入った。私は恩人二人に頭を下げ、お礼を言った。
「美花《メイホン》様、玉千代様、弱虫の西村を男にしてくださった。本当に長い間お世話になり、ありがとうございました」

美花《メイホン》が答えた。

「西村さん、そんなに改まって……。玉千代さんに、水くさいわと叱られるわよ。私たちは、貴方《あなた》のお世話なら百年でもしてあげるわ」

「ありがとうで済むなら、百回でも言わせてください。あと数時間でお別れしなければなりません。今日まで私が歩いて来た軌跡をお話しさせてください。最後のお願いです」

「お姉さまから少しは聞きましたが、私には話してくださいませんでした。ぜひ聞かせてください」と玉千代が言った。

「最初に、西村さんがお願いですと言われたことが忘れられません。とても感動したわ」

「あらお姉さま、そんな素敵な思い出を一人占めしないで。ずるいわ。教えてください」

「一人占めしたと言われれば、そうかもしれません。それは、西村さんと上海で出会って、縁あって私がお世話していた頃、言葉がわからないので、私たちの会話は英文で書いて英文で答えていたのです。その中で、西村さんが『赤ちゃんは字が読めなくても言葉が通じるようになるでしょ。お嬢さま、私のお母さまになってください。お願いします』と言われました。私を心から信じてくださった西村さんの気持ちがすごく嬉しかったのです。

はじめは会社の下働きをしていただきましたが、その働き方が嬉しかったわ。中国には春先、黄砂が来ますね。その埃で社内が汚れます。西村さんは朝三時に起床して、社員が出勤するまでにぴかぴかにしてくださいました。ガラス拭き、ランプ掃除、トイレ掃除、水汲みなどもしていただきました。そして、中国語のレッスンが始まると、昼だけ見て中国語をマスターしたのです」

「そうだったの。……でも、最初のお願いがあったのなら、二度目のお願いもあったでしょう。聞かせてください」

「二度目のお願いは、今思い出してもぞっとします。それは、小麦の搬出許可証の取得を任せてほしいというものでした。その時彼は、だめだったら死も辞さないようでした」

「お姉さま、いやな事を思い出させてすみません。でも、お姉さまにも責任があるわよ。上海で出会った時から好きだったのなら、なぜ好きですと言ってあげなかったの？　西村さんはお姉さまを愛し続け、身の置き所がないほどでした。西村さんが長い出張からふらふらになって帰られた時、海州の方を何時間も見つめていらしたわ。何も語ってくださらなかったけど、私にはよくわかったわ。私、お兄さまがかわいそうでした。だから、私を美花《メイホン》様と思って抱いてくださいと言ったことがあるわ。お兄さまはすごく怒って、『玉千代さん、何ということをいうのです。美花《メイホン》様は好きです。でも、抱きたいと思ったことはありません。この仕事が完了すれば日本に帰らなければならんのです。今考えていたのは、売上先の交渉は旨くいったかしら、だめだった時どこへまわろうかしら、と、仕事のことを考えていたのです。でも、心配かけてすみません』とおっしゃったわ」

「西村さんのことは好きだったけど、でも、十七歳の女の子が、貴方《あなた》が好きです、愛しています、と言えますか？」

「言えますよ。私は徐州で二年間、西村さんの出張が多くて、ずっと留守番をしていました。やっと帰って来られた時、私、言ったわ。西村さん、私は貴方《あなた》が大好きです。私が寂しがっていることはわかっているんですか、って……」

「そうなの……。貴女《あなた》はえらいわ、思うことが言えて」

「お姉さまはとても素敵な人なのに、申し訳ありませんが、西村さんへの愛し方は変だと思います」

私は、そこで口を挟んで二人に言った。

「ねえ、そのくらいにしてください」

美花《メイホン》が答えた。

「そうね、やめます。玉千代さんが私を思う一念でおっしゃっただけで、なにもけんかしているわけではありませんから。……西村さんの今日までの軌跡をお聞きするはずなのに、私たちの話で中断してしまい、気分悪かったでしょ。ごめんなさいね」

「そんなことはありません。大好きなお二人の優しさに感動していました。前々から聞いてもらいたかったことで、一人の人間の軌跡として聞いてください。

　私が生まれた時、母は病弱で、年中入退院をしていましたので、母の愛は受けられませんでした。それで、母の代わりにつうというお手伝いの十五歳の少女の手で育てられました。つうをお母さまと思っていたのです。私が『つうさん』と呼ぶと、『つうだけにしてください』と言われました。なぜつうさんと呼んではいけないのか、その頃、私のなぜだろうが始まったのです。風が吹いて草木がゆれるのはなぜだろう、葉っぱが落ちるのはなぜだろう、雪はどこからくるのだろう、昭和天皇が即位された時町中でお祝いをした、小さな村で育った私は深く印象に残ったお祭りだったけど、あのお祭りはそのあとなくなってしまった。どうしてだろう。父に尋ねたところ、父に言われました。

『ばかやろう、二度とそんなこと人に聞くんじゃないぞ』

　父に叱られて以来、人に尋ねることの出来ない子供になってしまったのです。

そのお祭りの二年前、五歳の時でした。つうの村で運動会がありました。つうは、五キロの畦道をおんぶして連れて行ってくれたのです。彼女が賞品でもらった一本の鉛筆をくれました。とても嬉しかった。その鉛筆は私の宝物となって、つうがこの世を去るまで大切に保管していました。

私はつうの優しさが忘れられませんでした。浜坂小学校の一年生のとき、塩谷海水浴場で桃拾いの遊びがありました。私は拾うことができず、海辺で泣いていました。つうは着物のままで海に入り、桃を拾ってくれました。その桃を食べることができず、長い間大切に保管していました。つうの思い出を消したくなかったからです。

そのころ、一人ぼっちの私は雪の降る日が楽しかったものです。雪という友達が大勢きてくれるからです。でも、あの雪はいったいどこから来るのだろう。何個くるのか、不思議なことが一杯。尋ねることも思ったことも言えませんでした。

ずっと悩んでいた小学校三年の時です。学校から帰って、いつもどおりつうの部屋に入りました。ところが、つうがいない。父に聞くと、つうはお嫁にいったと言う。私はお嫁と言う意味がわからず、お使いにでも行っていると思って父に聞きました。

『いつ帰ってくるの？』

『もう帰ってこないよ』
私はつうの部屋で朝まで待ちましたが、父の言ったとおり、つうは帰って来ませんでした。どうして、だまって出て行ったんだろう。きっと、私が泣き虫だからいやになって出て行ったんだ。私はつうに捨てられてしまった。私は宝物の鉛筆を取り出し、『つう』『つう』と呼び続けました。つうのいない家に帰りたくなかったから、愛宕山へ行って『つう、どこにいったの。私のところがいやなら、帰らなくてもよいから、声だけでも聞かせて』と頼みました。悲しくって何日も何日も泣きましたが、私の願いはかなえられませんでした。

十歳の時、郁子さんという、同年の少女と出会いました。つうによく似たお嬢さんでした。私の家の近くだったので、話せるチャンスがたびたびありました。郁子さんは、なぜか私をお兄さまと呼んでくれるようになりました。

それから二年ぐらい、郁子さんの来訪はとても楽しかった……。

ところが、またもや不思議なことが始まりました。郁子さんと話していると、呼吸が苦しくなって倒れそうになる。心臓の動悸が速くなるのです。

『お兄さま、顔色が変よ。風邪でもひかれたの。検定試験って、大変なんですってね。勉強少し休んでくださいね』

『はい、そうします。最近、左側の頭がすごく痛い時があります。病弱な母に似ているようです』

『今まで気がつかなくてごめんなさいね。風邪が治ったら知らせてね』

頭痛がするのは本当でしたが、風邪をひいたのではありません。つうに捨てられて寂しかった心の中に、第二のつうが侵入してきたのです。

私は、検定試験のために東京へ行くことを理由に、しばらく逢うのをやめることにしました。その反面、自分のためではなく、郁子さんのために猛烈な勉強を始めたのです。でも、独学ですから、英語の発音は知るよしもありません。アルファベットで二、三万の単語を暗記しました。英語の本も英字新聞もわかるようになりました。

二ヶ月後、私が東京から帰ってくると、さっそく郁子さんが訪ねてきました。

それからは再び彼女の家庭教師となり、楽しい日々が続きましたが、そんななかで、私にとって大きな事件が起きたのです。

ある日、いつものように彼女が宿題を差し出したのですが、その宿題は私の得意とする数学や幾何学ではなく、和文英訳でした。『私が駅に着いたとき、列車は出発していた』という、簡単な英訳でした。私は書いてあげました。そのときです。郁子さんが、「列車が出発していた、を先に書いて、あとから、私が駅についた時、と書いてもいいか」と、英語で質問してきたのです。

私は息がつまりました。郁子さんがなにを言っているのかまったく一言もわからないのです。私を最高の師匠と信じている郁子さんに、わからないとは言えない。どうすればよいのだろう。理由を言えば私の信頼は失墜してしまう。私は、苦し紛れに『郁子さん、書いてみて』と言いました。

郁子さんと別れてから、二階の勉強部屋へ入って考え込みました。今までの私の勉強はいったいなんだったのか。二、三万の単語がわかっても、中学一年生のスピーチがわからない。多くの検定試験をパスした自分の勉強は、零点だった。全身ががたがたと崩れていきました。

その直後、左耳を鈍器で殴られたような猛烈な痛みを感じ、意識を失いました。昏睡状態が続き、意識を取り戻したのは四日目のことです。

私の病状は日に日に悪くなっていきました。勉強や研究をして頭を酷使すると、その代謝として大量の二酸化炭素が出ます。その二酸化炭素の排出孔は頭皮の皮膚呼吸で、その呼吸孔が詰まると二酸化炭素が充満して、自律神経失調症となります。

当時、頭の皮膚呼吸孔の掃除（後のＺ《ゼット》式健康法）を知らない医学では、どうすることもできませんでした。私の病状は、破裂によって海馬周辺の粘膜が膿となり、脳膜、髄膜に侵入する、最も危険な状況だったのです。

ところが、私は叔父である谷口政雄のＤＮＡを引き継いでいるのでしょう、不思議なことが始まりました。どこかで、私だけに聞こえる声がするのです。

『薫、お前はそのままでは死ぬぞ。お前は頭を使いすぎたのだ。頭の中に二酸化炭素が充満して、破裂寸前だ。お前には、これからしなければならないことが一杯ある。つうのことも郁子さんのことも忘れるのだ。これから言うことをすぐに実行せよ。さもないと必ず死ぬぞ。

では言う。左の耳の奥の膿が脳膜に侵入しようとしている、ただ一つ、幸いなことは、膿のために鼓膜に穴が開いている。だから、左耳の包帯をはずして耳の穴に押し込んでいるガーゼを取り去り、左耳を下にして、横になれ』

そこで不思議な声は止まりました。私は医学は勉強していませんでしたから、脳膜とか海馬のことはなにも知りませんでした。ですから、声の言うがままに従おうと、私は付き添っていた母にお願いしました。

翌朝、大量の膿が流れ出て、奇跡的に助かりました。

長い療養生活を経て体が元通りになったとき、懐かしい愛宕山に行きました。そうして、青草に寝転がって考えました。海馬がくだけたのだから、私はばかになってしまったのだろう。でも、私がしなければならないことってなんだろう。私の未来はなんなのだろう。つうは今どこにいるのだろう。逢いたい。

その時でした。花見に来ていた人たちの歌声が、ふもとの方から聞こえてきたのです。

俺も行くから君も行け
狭い日本にゃ住み飽いた
海の彼方にゃ支那がある
支那にゃ四億の民が待つ

こうして上海に逃亡してきたのです。

美花《メイホン》さんは、ぼろぼろの私を海州へ連れて行ってくださいました。そして、『今日から私は貴方《あなた》のお母さまよね。貴方《あなた》は一人ぼっちではありません。私がいるでしょ』とおっしゃいました。

嬉しくて嬉しくて、私は朝まで泣いていました。このお嬢さまのために命をさしあげよう。好きだ、なんて、そんな簡単なものではありませんでした……」

私の長い話を聞き終えて、美花《メイホン》が言った。

「とても素敵なお話、感動しました。西村さんのすべてを知っておきたかったので、これで満足しました。私が理由を尋ねたとき話していてくださっていたら、私たちの運命はどうなっていたでしょうね」

「そうだわ、お姉さまも苦しまなくて済んだのに……。お二人とも馬鹿だったわね。お互いに死ぬほど愛していながら、罪なことをしたのね。……でも、お話の中に出てきたつうさまって、嫌な人だわ。お兄さまを捨てた気持ちを知りたいわ。お姉さまもそう思うでしょ」

「西村さんが逃亡なさったのと同じように、きっと何かがあったんだわ。でも、私と逢えるきっかけをつくってくださった人だから、感謝しています。――一つだけ、もう少し詳しく教えてください。郁子様のことです。貴方《あなた》の初恋の方だから」

「もっともですね。郁子さんは、女学生の制服姿が美しい人でした。憧れの的でした。でも、まったくの片思いでした」

美花《メイホン》が言った。

「西村さんは、泣き虫で弱くて何もできなくて、と言いましたが、私はその逆だと思いますよ。すごく強くて、なんでもできた人だわ。ただ、女の気持ちがまったくわからない、世界一鈍感な人ですね。私の気持ちもわかってくださらなかったから。だから、郁子様の気持ちがわからなかったのは、私にはよくわかります」

「嫌われてはいませんでしたが、恋が生まれる年ではありませんでした」

「よくそんなことを言うわね、私と同い年でしょ」

「たとえ恋が生まれていたとしても、私の青春は美花《メイホン》さんに捧げましたので、郁子さんを愛することはありません」

そう、許可証取得の件のとき、私に神様が降りてきて、「命を賭けて美花《メイホン》を守れ、脳膜炎寸前のお前を助けたのは、やがて起きることのためなのだ」と告げたのだ。それは、私にだけ聞こえる声だった。愛宕山の麓には誰もいなかったのに、なぜあの歌声が聞こえたのか。上海で憲兵に逮捕された時、なぜか美花《メイホン》が通りかかった。一度も逢ったことがなかったのに、玉千代は私を助けてくれた。徐州では、十九歳の若造が大きな仕事ができた。それらが単なる奇跡や偶然であったと言い切れるだろうか……。

いつのまにか、美花《メイホン》と玉千代の表情は、死の戦場へ旅立って行くわが子を見る母のそれになっていた。

天津に向かう途中、沿道に幟《のぼり》が立っているのに気づいた。「西村大人、さようなら」と書いてあった。小麦買い付けのときに私が回った農家の人たちの行列が、線路に沿ってどこまでもどこまでも続いていた。

天津駅に着くと、ここもまた私を見送ってくれる従業員やその家族の人たちであふれ返っていた。

美花《メイホン》と玉千代がホームに下りたとき、「玉千代さん」という声がしたのでそちらに目を向けると、緑色の袴を着けた宝塚の女優のような人が玉千代に抱きついていた。玉千代は私のほうを指さして何か話していたが、やがてその女性が車内に入ってきた。

「私、いま玉千代さんから紹介された小野敏子と言います。お隣に腰掛けてよろしいですか」

こんな素敵な人と同席できるのを断る者はいない。

「どうぞ、どうぞ」

発車のベルが鳴った。列車は再び、「万歳!」の声を浴びながら動き出した。大好きな美花《メイホン》と玉千代が視界から消えていった。ホーリチンサイライ(さようなら)。

私たちは青春の熱い火の中で火花を散らし、愛し合って別れた。その後、二人が涙する顔を二度と見ることはなかった。


ふと我に返って、小野という女性を見た。なんて綺麗な人だろう。どこか美花《メイホン》や玉千代に似ている。美しい人には共通点があるものだ。よく見ると、天津の店で何度か会った人だった。

「貴女《あなた》とは天津のお店でお目にかかったことがありましたね」

「何度もお目にかかりました。でも、西村さんはいつも儀礼的なお話を私になさるだけで、私的なお話はありませんでした。今だから言えますが、西村さんとお話がしてみたかったのです。——と言いますのは、西村さんが中国人のお客さまを応待なさっているとき、会話の中に『請(チン)』という言葉が多く出てくるのです。たとえば、普通は『ゾーバ（席をあけろ）』と言うのに、西村さんは『チンゾーバ（席をあけてください）』とおっしゃいます。『ソハーラ（話せ）』を、『チンソハーラ（話してください）』と表現なさいます。『チン』はお嬢さま方が使う敬語です。西村さんの言い回しは大家のお嬢さまと全く同じでした。私の父は天津で多くの中国人を使用していますが、その人たちが『チン』と言ったことはありません。ほとんどの日本人業者もそうでした。それで、『きっと何か理由があるんだわ。西村さんの人間性なのかしら……』と興味を持っていたのです」

続けて彼女は、自分が学校で日本舞踊をやっていたこと、玉千代が日本舞踊を披露してくれるので、二人が仲良くなったことなどを話してくれた。玉千代の話が出たので、私は彼女に好意を感じた。

「西村さんが玉千代さんをとてもかわいがっていらっしゃったから、私はそっと玉千代さんに尋ねたことがあります。『貴女《あなた》は西村さんが好きですか？』と。すると玉千代さんは、『死ぬほど好きです』とおっしゃいました。

そういえば、こんなことも話していらしたわ。『私は両親を失って独りぼっちになってしまい、憲兵中佐の叔父に引き取られて徐州の玉屋という料亭に預けられていました。そこで西村さんと出会い、私のお兄さまになってくださると約束してもらったのです。私を独りぼっちから解放してくださった人ですから、好きになって当然でしょ。でもそれ以上好きになってはいけないのです。西村さんは美花《メイホン》さんを愛しているからです』と」

彼女の話から、玉千代の心の裡を垣間見ることができた。

徐州での二年間は、小麦買い付けのために農家回りと売り先の確保などで目が回るほど忙しかった。そのとき玉千代が週二日、支店の留守番をしてくれた。また、私の身の回りの世話もしてくれたのである。私が天津出張から帰ってきたとき、玉千代はこう言った。

「お兄さま、今回は長かったのね。私、淋しくて泣いていました。出張は三日以内にしてください」

これを愛の言葉と受け止めた私は、思わず玉千代を抱きしめたかったが、ぐっとこらえたのだった。その後も玉千代の愛を感じるたびに、私は青春の炎を抑えたものである。

私が徐州支店に赴任する前日、美花《メイホン》は私に問いかけてきた。

「西村さん、貴方《あなた》は玉千代さんと初めて会った日に兄妹の約束をされましたね。貴方《あなた》はそのわけを、お互い偶然に独りぼっちだったからと言っていましたが、何か私に話せない特別の理由があったのではありませんか?」

美花《メイホン》は私と玉千代の仲を疑っていたのだ。だから、私は玉千代を好きになってはいけないと思い続けていたのだ。

玉千代は、最後の別れのときに深刻な表情を浮かべながら私に語りかけてきた。

「西村さん、貴方《あなた》は明日日本に帰って戦争に行くのですから、もう会えないでしょう。貴方《あなた》が美花《メイホン》さんを愛してらっしゃることはわかっています。ですからこの二年間、私はじっと耐えてきました。でも、もう会えないと思うと……」

そう言うと、玉千代は肩を震わせて泣いたのだった。

私は二人の恩人に巡り会えた。そして二人に愛された。これ以上の幸せはない。自分は心残りなく南の海で死んでいきます。大恩ある玉千代さん、私はあの世に行っても貴女《あなた》の幸せを祈っています。私を愛してくださってありがとう。美花《メイホン》さんと共に幸せでいられますように——そう祈りながら、ついさっき天津駅で別れた玉千代のことを思い出していた。

隣に座っている小野敏子の声が、そんな私を現実に引き戻した。

「先ほども言いましたように、私が西村さんの店が好きになったのは、貴方《あなた》が中国人のお客さまとお話しするときに、必ず『チン』という敬語を使っていらして、その態度に好感を持ったからです。美花《メイホン》さんが来られたときはより丁寧に迎えられるので、不思議な人だと思っていました。そして、いつの間にか貴方《あなた》を愛するようになったのです。でも、玉千代さんの恋人だと思っていましたので、近寄れなかったのです」

こんな告白をされるとは思ってもみなかった。私は自分の知らないところで目の前の女性にも愛されていたのである。

とはいえ、記憶を探っても、彼女の存在は影のように漠然としたものでしかなかった。しかし、何かちょっと引っかかるものがあった。

「たしか小野さんのお父さまは天津で大きな商売をしているということでしたが、まさか小野製粉公司ではないでしょうね」

「あら、どうしてご存じなの？」

やはりそうだった。

「実は、小野製粉公司は、この二年間、通源公司から小麦を買ってくださった取引先だったのです」

「そうだったんですか。私は父の事業はちょっと垣間見るだけで、何も知りませんでした。残念だわ。それを知っていれば、父にお願いして貴方《あなた》と引き合わせていただいたのに……」

この広い大陸で、不思議な巡り合わせがあるものだ。しかし、これを偶然と言い切れるかしら……。子どものときから不思議なめぐり合わせに年中いたこともあって、私は偶然ではないかもしれないと思った。このような美しいお嬢さまに愛されるなんて思いも寄らなかった。片思いしかできないと思っていたのに……。結局私は、三人のお嬢さまに愛されていたのだ。私は幸せ者だ。

その幸せな気持ちに酔いながら、私は彼女に言った。

「玉千代さんは恋人ではありませんが、とても好きな人です。いま小野さんが玉千代さんのことを話されたとき、玉千代さんを思い出していたほどです。人はどんなに好きでも、恋をしてはいけない場合があります。私と玉千代さんとは、兄妹の枠を越えることはできないのです」

彼女はホッとした表情を浮かべた。

「まあそうだったの……。もう一つ聞かせてください。美花《メイホン》さんと貴方《あなた》はどんな間柄なのですか。先日美花《メイホン》さんが席を立って化粧室に行かれたとき、貴方《あなた》は化粧室のドアを開けて頭を下げていらっしゃいました。まるで王女様に仕えるナイトのようでした。西村さんは店長なのに、どうしてあのように振る舞うのですか」

「そんなことがありましたか。実は美花《メイホン》さんは私の命の大恩人なのです。その昔、私は日本で希望を失い、上海へ逃亡しました。そこで美花《メイホン》さんに拾われたのです。美花《メイホン》さんは言葉のわからない私に口移しで中国語を教えてくださった先生です。そして、通源公司の社員に育ててくださった人です。私は王女さまだと思っています」

「そんな深い訳があったんですね。そう言えば、玉千代さんにも同じ質問をしたことがあります。西村さんは雑役係のおばさんに対しても頭を下げる人で、美花《メイホン》さんは西村さんの命の恩人だから心から仕えていらっしゃるのだと玉千代さんがおっしゃっていました。また、兄妹の約束をした自分にも美花《メイホン》さんと同じような態度をなさるので、『お兄さま、他人行儀はやめてください』と怒ったことがあるとか。すると、西村さんは笑いながら玉千代さんに、『貴女《あなた》は大恩ある大切な妹様です。決して他人行儀ではありません。心から貴女《あなた》に仕えているのです』とおっしゃったそうですね」

美花《メイホン》と玉千代の思い出話をしながら、目の前の女性の美しい姿を見ていると、ふと、ある女性を思い出した。それは、私が一〇歳のとき、私の家の前の借家に住んでいた学校の先生である。いま私の目の前にいる女性によく似た人だった。

さまざまな思いを運びながら、列車は奉天に着いた。そのとき、憲兵が数人車内に入ってきた。

「持ち物を検閲する。通路に出せ」

検閲が始まった。徐州を発つときに憲兵隊に封印してもらった私のトランクを見た憲兵は、トランクに敬礼して通り過ぎて行った。すごい威力のある封印だったのだろう。

「何か飲み物を買ってきます」

そう言って彼女が席を立つと、先ほど荷物を検閲すると怒鳴った憲兵が、「ご案内します」と言って先に降りていった。これもあの封印の威力なのだろう。封印の下にあるサインは、憲兵しか知らない暗号だったにちがいない。

彼女がサイダーを買ってきてくれた。

「玉千代さんから、貴方《あなた》はサイダーをよく飲まれると聞いていましたの」

優しい心遣いだった。

列車は奉天を出ると満州を通過して朝鮮半島を南下した。窓の外は緑一色で、美しい田園風景が続いていた。ここは作曲家の古賀政男氏が生まれたところだ。古賀氏は、失恋したときに「影を慕いて」をつくったという。私は常に独りぼっちだったから、絵を描いたり詩を書いたりした。
日本を去る直前に、こんな詩を書いたことを思い出した。

孤独

私は一人そり立った崖の上にいた
山風が何か言っている
お前は独りぼっちじゃない
我々が空気の中にいて
お前と一緒だ
自らの思う道へ歩くんだ
支那には四億の民が待つ

当時、古賀氏の曲を聞きながら、何か自分が作曲したものを聞いてもらいたいと思ったのだが、私からすれば天上人のような存在だったから、そばにも寄れない人だとあきらめたことも思い出した。

釜山港に着いた。ここで大型船に乗り換えるのだ。私は小野敏子と一緒にタラップを上がった。船内には一等、二等の区分がなく、大広間がいくつもあって、何百人もの人たちがいた。

彼女が私の手を取って、

「デッキに出ましょう」

と言った。

私たちはカップルのようにデッキに出た。デッキにはだれもいなかった。

「この船、動かないでほしいわ。このまま貴方《あなた》といたい。貴方《あなた》は戦争に行って、死んでしまうんでしょ……」

彼女は私の手を離そうとはしなかった。

私は玉千代も美花《メイホン》も死ぬほど好きだったが、四年の間、手を触れたこともなかったし、彼女たちも触れさせてはくれなかった。ところが、小野敏子とは昨日会ったばかりなのに、手を組み、肩を寄せ合って、しかも愛を感じている。何ということだ。私はドンファンなのだろうか。いや、そうではない。私はそんな人間ではない。間もなく死んでいくという状況がそうさせたのにちがいない。

私は彼女に言った。

「小野さん、私は貴女《あなた》がとても好きです。別れたくありません。でも、別れなければならんのです。一つ、私の最後のお願いを聞いてください。戦争が終われば天津に住めなくなります。貴女《あなた》は踊りができるのですから、学校をやめて通源公司に入社し、玉千代さんと一緒に香港支店で働いてください。名前は水花《スイホン》と改名して、日本人ではなく、美花《メイホン》、紅花《ホン》、水花《スイホン》と、三姉妹になること。貴女《あなた》のお父さまも香港へ会社を移転してください。貴女《あなた》が愛した私を信じて、理由は聞かないでください。美花《メイホン》さんと玉千代さんには、貴女《あなた》が通源公司に採用していただけるよう手紙を送っておきます。何もしてあげられませんので、香港までの旅費にしてください」

そう言って、ひと袋のお金を渡した。

私の青春を燃やした三つの恋は、こうして空しく終わりを告げたのである。

船は長崎に着いた。長崎銀行で写票を日本の金に交換したが、前もって憲兵隊から連絡が入っていたらしく、すでに準備されていた。

長崎駅で煙草を買った。一五銭だった。一〇〇円札を出したが、おツリがないので売り子は渋っていた。

「ツリはいいです」

と言うと、相手は驚いた顔をした。

「そんな……。ちょっと待っていてください」

ツリ銭を準備しているのだろうと思っていた。すると駅員と警察の人が現れ、いろいろと取り調べを受けた。

考えてみれば、一五銭の買い物に一〇〇円札を出して「おツリはいらない」と言ったのだから、だれでも不審に思うのは当然なことだ。大陸ボケしていて、お金の価値観がおかしくなっていたのだろう。

私の身分を証明する書類、トランクにある憲兵隊の封印、呉海兵団入団の書類などを見せて無罪放免された。日本上陸初日はさんざんな目にあった。

私を乗せた列車は故郷に向かった。西村土木を倒産させた餘部《あまるべ》鉄橋を通過した。四年前のことが思い出された。ほのかに燃えた初恋、そして叩きつぶされ愛宕山の芝生で泣いたこと……その懐かしい山が見えたとき、感無量だった。

入隊まで一〇日ほど余裕があったので、鳥取のバイオリンの先生の所へ遊びに行った。天津で買った帽子をかぶっていたが、ツバが五〇センチもある大きな帽子で、女優のヘップバーンが映画の中で実際に使用したものと同じだった。

長さ一五センチもある象牙のパイプを口にして、私はバイオリンを持って待合室にいた。

そのスタイルが異様に見えたのだろう。交番の老巡査がヒゲをなでながら近づいてきた。

「おい、きみ。この非常時に何をしている」

「何もしていません。列車を待っているだけです」

老巡査は私の態度が気に入らなかったのか、ムッとした顔をして怒鳴った。

「今は女子校の生徒でも挺身隊に入隊してお国のために働いている。何もしてないなら挺身隊に入れ！」

列車を待っていた人たちが、何があったのかと、大きいつば広の帽子をかぶった私の周囲に集まってきた。

　私は老巡査に言った。

「そうですか。挺身隊に入隊して、貴方《あなた》の言われたとおりお国のために働きます」

　老巡査は言った。

「それでこそ日本人だ。では君の住所と氏名は？」

　私の住所と氏名を書き取ると、老巡査は言った。

「きみの所轄の警察から、近日中に通達が行くから待つがよい」

「わかりました。そうします。ところで近日中といわれますが、何日待てばよいですか」

「一週間ぐらいだ」

「一週間は待てません」

「なぜ待てないのだ？」

「私は三日後に呉海兵団に入団することになっています。入団しないで待てと言われるなら、海兵団の許可をとってください」

　私の言葉に、老巡査は驚いた様子だった。

「な、なに？　三日後に入団するのか。なぜそれを先に言わないのだ」

「貴方《あなた》は何をしているのかと質問しただけです。それ以外の質問がないので、こちらも言いようがないでしょう。事情も知らないで怒鳴ったりしてはいけませんよ。怒鳴る時間があったら、貴方《あなた》こそお国のために挺身隊に入隊してください」

私を取り巻いていた人々が口々に文句を言った。

「そうだよ、そうだよ。だいたい威張りすぎるよ」

みんな私の味方になってくれたのである。

第五章　漂流からの生還

昭和一八年八月一〇日、私は広島呉海兵団に入団した。配属先は第三六分隊。奇遇にも、自分の家の電話番号と同じだった。

一〇七〇と番号札の付いたハンモックが支給された。「練兵場に集合」との号令が下ると、入団兵三六〇〇人、ハンモックを肩に整列した。

「全員、駆け足！」

一周二〇〇〇メートルのトラックを死にものぐるいで走る。遅い者は不合格となる。半数は合格、以下はまた一周、半数は合格、以下はまた一周……これが繰り返され、倒れた者は負傷者として担架で拾い集められ、手当てを受けてからさらに罰が与えられた。

フラフラになって兵舎に戻ると、今度はハンモックの降ろし方（掛け方）とキビリ方（元通りに戻すやり方）を教えられた。

鬼軍曹が声を張り上げる。

「ハンモックの降ろし方、キビリ方、わかったか？　笛を合図にハンモックを降ろしてキビる。次の笛を合図に停止。完了しなかった者は練兵場を一周！　わかったか⁉」

ピーッと笛が鳴った。これがA訓練である。

支給された衣類は三〇センチ角に畳まれ、それが三〇センチ×五〇センチの袋に収納されている。その袋の格納箱が、廊下の端に建て付けで設備してあった。縦に五段、横一〇個、計五〇人分の衣類が入るようになっている。銭湯の脱衣箱のような形式である。その格納箱から三〇メートル離れた位置に兵員五〇名を整列させると、鬼軍曹は言った。

「笛の合図でその箱に飛び込め！　次の笛までに残った者は練兵場を一周してこい！」

ピーッと地獄の笛が鳴る。これがB訓練だった。

そうしたシゴキはほんの序の口に過ぎなかった。

水泳の練習で、泳げない者は体にロープを巻かれて海へ突き落とされ、溺れて死にそうになると引き上げられる。これが繰り返される。飛び込みは一五メートルもの高さのところから作業着のままで飛び込む。海に救助班が待機していて救助する。遠泳は作業着のまで何時間も泳がねばならなかった。私たちは疲れ果て、食事ができないときもあった。

鬼軍曹が号令台に立つ。

「お前たちは死にたいと思うだろ。トイレの隅に自殺場所があるから、そこで死ね。しかし、この海兵団で死ぬと名誉の戦死にはならんぞ。海兵団を卒業したら戦地に出発して必ず死ぬ。それまで待て。急ぐことはない」

海兵団の卒業が近づいたある日のこと、外室が許された。

呉公園のベンチでタバコを吸っていると、女子校のお嬢さんが通りがかり、言葉をかけてきた。

「兵隊さん、間もなく戦地に出発するんでしょ？　私の彼氏は予科練を卒業して二カ月前にここで別れて戦死したの。悲しくて毎日泣いていたわ」

「同情します。それが私たちの運命なのです。私は四年間支那にいて愛する女性がいましたが、悲壮な思いで別れてきました。別れたというより、戦争で引き裂かれたのです。私も貴女《あなた》の彼氏と同じように間もなく死にます。ただ、心残りがあります。それは私が好きだった人のことではありません。その人には逃げる場所がありました。しかし貴女《あなた》方は逃げるところがありません。アメリカ兵が上陸したら、貴女《あなた》のような人々がはずかしめを受けるでしょう。そのことが心配でならんのです」

「まあ、怖いわ。本当にそうなのかしら……」

「いずれにしても多くの国民が殺されます。生き延びるには軍港である呉にいないほうがいいでしょう。一日でも長生きしてください」

二度と会うことのない人だったから、名前も聞かないでさよならした。

三カ月の訓練を受け、私たちは海兵団を卒業した。

戦地シンガポールに出発する前日、私たち兵隊三六〇〇人は、岩国の錦帯橋の河原で野営した。そんな私たちに、付近の女子高のお嬢さんたちがお茶の接待をしてくれた。一人の生徒が言った。

「兵隊さん、死なないで帰ってきてね。私ここで待っているわ」

前髪のかわいい人だった。戦後、岩国に行って彼女を探そうと思ったが、名前も学校名も聞いていなかったことが悔やまれた。戦死する覚悟だったからだ。

戦闘中、私は空母の第三缶室および機械室に勤務していた。

直径五〇センチのスクリューを回す基軸に、クランクというバーが二〇カ所取り付けてあり、そのクランクバーが、直径三〇センチ、長さ一〇メートルもあるピストンの上下運動をスクリューの回転運動に変換している。ピストンの数は二〇本で、それぞれ五カ所の軸受けによって安定を保っている。そこへ油を与えるのが私の任務だった。

目の前をものすごい速度でピストンが上下している。ピストンが下へドーンと降りたとき、一メートルもある大型の油さしで油を落すのだ。タイミングが狂うと油さしが飛ばされてしまう。海軍では機具を損傷すると死ぬほどの罰が与えられるから、必死である。

足元の鉄板プレートも手摺りも、飛び散った油でドロドロになっている。蟹の横這いのような格好で油を落として回る。タービンの音、その他諸々の機械の音が共鳴し、渦巻くような音が鼓膜を強く刺激する。

そんなときでも、ピーッと笛が鳴ると、全員作業を停止して笛の音のほうを見なくてはならない。班長が私に指をさした。

「上部三左舷五のバルブを開け！」

機械音が大きくて声は届かないので、すべて手先信号である。私は了解の合図として右手を上げた。

バルブ室にはバルブが一〇〇個ある。「上部三左舷五」の「左」というのは自分から見た左ではなく、船の左側のことだ。

ところが、私は誤って自分から見て左側にあるバルブを開けてしまった。そのとき、ドーンと鈍い音がした。揚錨機（錨を巻き上げる機械）に蒸気が送られてシリンダーが破損したのだ。航行中は決して開けてはならないとされているバルブで、わざわざ注意を促すために赤いペンキが塗装してあったのだが、つい気が急いて間違って開けてしまったのである。

船がシンガポールセレター軍港に着くと、ピーポーと笛が鳴り、「機関兵全員、上甲板に集まれ」と号令が下った。

上級甲板将校が言った。

「貴様たちはたるんでいる。第三缶室班長、前に出ろ！」

制裁が加えられ、班長は甲板に倒れた。さあ大変なことになった。私は殴り殺されるのを覚悟した。

間もなく解散命令が出て缶室に戻された。

「第三缶室、全員整列！」

副長が野球のバットのような棒（直心棒と言う）を持って、一人ずつ殴っている。私の番が来た。

「お前の誤りのために班長は半殺しの制裁を受けたのだ。死ね！」

私は直心棒で殴られ続けた。

何回も倒れ、肩の肉が引き裂け、靴の中にたまった血が床に流れ出した。副長から先任長兵に交代すると、今度はあごが砕かれるほどの強さで五〇回以上殴られ、ついに失神してしまった。

医務室のベッドの中で気がついたが、奥歯は右も左も砕け散り、腰の骨がヒビ割れて、一カ月間というもの、立ち上がることもできなかった。

やっと仕事に就くことができても、歯が砕かれてしまったため、食事には苦労した。班長が食べ終わるまでに食事を終らせなくてはならないので、噛まずに飲み込んでいた。

外出許可が下りてシンガポールの繁華街を歩いていると、道行く人のほとんどが中国人だった。美花《メイホン》を思い出し、懐かしかった。

レストランでサイダーを飲んでいたとき、副艦長・武田大佐が友人と一緒に私の隣の席に着いた。私は立ち上がって敬礼をした。あとで聞いた話だが、大佐は東大出身で、海軍大学校を卒業後、三一歳の若さで大佐になった人だ。純白の軍服姿に、胸には大佐のマークが輝いていた。缶焚き一等兵とは天地の差があった。

私から見れば天上人である大佐とその友人は、笑いながら山下大将の話をしていた。隣の席なので、自然と二人の会話が耳に入ってきた。

「緑園の案内役をしていた少女はかわいかったね。国で別れた娘のように思えたよ。デートしてみたいが、中国語が話せるといいのだが……」

私は中国人と話をしてみたかったので、思い切って言った。

「失礼ながら、私が通訳いたしましょうか」

「そうか、君は中国語が話せるのか。それはありがたい。では頼む」

レストランを出ると、一人の大尉が車の前で待っていた。車のフロントの両側には佐官旗が付いていた。私は助手席に乗った。佐官旗が風に揺れている。私は佐官になったような気分になり、背骨の痛みも歯の痛みも忘れてしまった。緑園に着くまで短い時間だったが、最高の気分だった。

大佐たちと店に一緒に行き、少女と面会した。歌手の李香蘭に似た美しい人だった。

「私は長く徐州の中国人商社に勤めていました。貴女《あなた》と話し合えて嬉しく思います」

彼女は私を見て言った。

「そう。貴方《あなた》の中国語は素晴らしいわ。でも女性的ですね。先生は女性だったんでしょ？」

とても親近感が持てた。名前はチャン・ソービ、一六歳だった。

「チャンさん、実は一緒に来たあの海軍将校様が貴女《あなた》のファンで、通訳を依頼されたのですが、ＯＫしていただけませんか？　お金持ちだから貴女《あなた》に損はないと思います」

彼女は快くＯＫしてくれた。

このことがあってから、大佐の当番兵を兼任することになった。大佐が外出するときは前もって通達があり、私が同行するのだ。ときには艦長も加わった。そのときは将官旗が車に取り付けられる。

兼任することになって三カ月を過ぎたころ、私の履歴が再調査され、高等学校卒業と同等の資格があると認められるとともに、副艦長付き技術特別機関兵長に昇格された。以来、罰直・制裁はされなかった。これも中国語を美花《メイホン》に学んだお陰だ。またも美花《メイホン》に助けられたのである。

私たちの船は赤道直下、スマトラ半島を航行した。暖流と寒流が交差して海面に段差ができ、水しぶきが上がっていた。何千頭ものイルカが艦と一緒に飛び跳ねながら泳いでいる。イルカたちは残飯が捨てられることを知っていて、キーキーと声を上げていた。初めて見る光景だった。

サイパンなど南方の島々が次々と玉砕（全員死亡）となり、そのため上陸（外出）許可はほとんどなかったが、たまに許可されることがあった。その日もそうだった。

上陸兵が岸壁に整列完了すると、先任下士官が言った。

「上陸者全員に告ぐ。貴様たちに、明朝０６００（午前六時）まで上陸を命ず。次の上陸はないかもしれん。思う存分女を抱いてこい。酒の好きな者は有り金はたいて全部飲め。ただし明朝六時までに必ず帰ってこい。遅れると敵前逃亡罪となって銃殺刑となる。逃亡者を出した班は全員、〝死五分前〟（半殺しのこと）の罰を受ける。心せよ。酒を飲みすぎて歩けそうもない兵を見たら、背負って帰れ。以上。解散！」

わずかな間とはいえ、死と生の間をくぐる壮絶な艦隊勤務から解放される。最高の喜びである。しかし、班の中で脱落者が一人でも出れば大変なことになる。昔の武士なら切腹で終わるが、私たちの場合はそう簡単に死なせてはくれない。骨が砕けても殴られ続けるのだ。

ときには膝関節に棒を挟んだ状態で何時間も正座させられる。罰直が終わって二、三日は歩行困難になるのだ。当然、まともに仕事はできない。しかし、罰直によって歩行困難になったなどと、本当の理由は絶対に言えない。言えば自分は救われるが、班全員に死の罰直が与えられるからだ。

私は罰直によって棒で殴り続けられていたとき、棒が右腕に当たって骨が折れてしまった。運良く複雑骨折ではなかったので、手探りで腕を引っ張ってもらい、無理に合わせたが、気が遠くなるほど痛かった。ギブスにする石灰がないのでご飯粒を練って紙に付け、それに箸を一〇本並べて添え木にし、下着を細長く切って固定した。私たち兵隊はゴミ扱いだったから、腕の骨が折れる程度では治療の対象にはならなかったのである。

その翌日、右腕が折れていることが見つかって厳しい尋問を受けたが、ダッタル（階段）ですべって腕を折ったと言うと、それが認められて正式な治療を受けることができた。治りはしたものの、腕は曲がってしまった。

顔を一〇〇回殴られたとき、口の内側の肉が引き裂けた。そのときは針をU字型に曲げて木綿糸で縫った。こうした罰直の危険性のある上陸許可だから、喜んでばかりはいられなかった。

私は戦友に、体の調子が悪いからと告げて、一人で街へ出て行った。

小さな公園のベンチに腰掛けて空を見ていると、故郷の愛宕山で見た空と同じだった。数々の思い出が走馬灯のように映像となって目の前を通り過ぎていく。

つくづく考えてみたが、私は支那へ逃亡したこと以外、何一つ悪いことはしていない。通源公司や海州の何万という人々も救った。支那全部を回り多くの農民を助けた。また、無実の罪で軍刀の試し切りにされる若者を、二年の間に何十人も助けもした。なのに、なぜ死の罰直を受けなければならないのだろう。一四歳のとき、あの火ノ玉はなぜ死の床に伏している私を助けたのだろう。子どものときから持ち続けていた「なぜだろう?」が、果てしなく続いているようだった。

上陸許可を与える際、下士官は、思う存分女を抱いてこいと言ったが、私にはできない。美花《メイホン》は私が死ぬことは許してくれるが、ほかの女を抱くことは許してくれないからだ。

叔父・谷口政雄は「昭和二〇年に戦争は終わる」と言った。それが本当ならもうすぐだ。

「美花《メイホン》さん、もし再び巡り会えたら部屋の掃除をさせてください!」

と天に向かって叫んだ。

上陸許可が下りたときは、心の中で美花《メイホン》とゆっくり話をすることができた。心安らかなものがあった。

副艦長付きに任命されて一カ月後、大変な事件があった。大佐に呼ばれた。

「お前にちょっと尋ねたいことがある。お前の履歴を見ると、少年時代ずいぶん勉強したんだな。暗記力がすごいようだが、今はどうだね？」

「少年のころは暗記力に自信がありましたが、一四歳のときに頭の病気に冒されて以来、暗記ができなくなりました」

「そうか……。ここにあるのは、ばらばらに並べられたアルファベット一〇〇字ほどが五行にタイプされたものだ。これをそのまま暗記できるか」

「一〇〇字や二〇〇字ぐらいでしたら暗記できます」

「では、よく見て暗記してみよ。これは暗号文で、クアラルンプールの情報部に届けたいのだが、日本海軍の暗号は八〇パーセント解読されているので電送することができない。口頭で伝達したいのだ。この任務を遂行できるか」

「はい、できます」

大佐は卓上電話で衣料部に命令し、中尉の軍服を持ってこさせた。

「お前は一日だけ中尉になる。明朝クアラルンプール沖に停泊するから、後藤兵曹長と一緒に情報部に出頭し、藤原中佐に面接して口頭で暗号文を伝達せよ。暗号文は書いてはならん。口頭で伝えて中佐自身に書いてもらえ。ここにある暗号文は消却する。誤りのないよう完全に暗記すること。なお、この件は何人にも話してはならん」

これは大変な任務だと私は思った。

暗記については案ずることはないが、一つ心配なことがある。私が暗記した暗号文はよほど重大な内容に違いない、戦争は最終段階に入っている。スパイの暗躍も激しくなっているはずだ。万に一つ、スパイグループに感知されたら、私は彼らに捕まって拷問され、最後には殺されるだろう。

暗記ができるかと質問されたとき、なぜ「できません」と言わなかったのか……。小さな功名心があったのだろう。徐州で許可証取得のために命を賭けたが、あのときは玉千代との偶然な出会いによって奇跡的に成功した。今回も奇跡を願おう。私は腹を決めた。

翌朝、中尉の軍服を着た私は、後ろに倒れんばかりにのけぞりながら舷門（出入口）に向かった。通路では多くの士官や兵と出会ったが、缶焚き兵長とはだれも知らず、私に敬礼してくれた。

舷門には、腕に山型善行章を五本付けた後藤兵曹長らしき人がいて、私に敬礼した。

「副艦長より、情報指令部へのご案内を命ぜられた後藤兵曹長です」

後藤は私が兵長であることを知らないようだった。中尉の軍服を着た私のほうが階級は上だが、善行章五本に敬礼した。その様子を舷門に立っていた番兵が不思議そうに見ていた。私たちはフリーパスで階段を下りていった。

ここで、階級と善行章について簡単に記しておく。左の表を見るとわかるように、入隊後三年で山型善行章のマークが一本腕に付く。以後、基本的に三年ごとに一本ずつ増えていくのである。ちなみに、私が艦の運命を担ったこのとき、山型善行章は絶大な威力を発揮したのだった。

一、海兵団卒業	一等兵	
二、一年後	上等兵	
三、二年後	兵長	
四、三年後	兵長	善行章　一本

五、四年後　　　二等下士官　善行章　一本
六、五年後　　　一等下士官　善行章　一本
七、六年後　　　上等下士官　善行章　二本
八、七年後　　　上等下士官　善行章　三本
九、一二年後　　兵曹長　　　善行章　四本
一〇、以後、少尉・中尉・大尉、少佐・中佐・大佐と階級が上がっていく（学校出の将校が佐官に進級するとき、兵曹長の協力が必要とされていた）

私と後藤兵曹長はボートを降りて上陸した。道々尾行している者がいないか注意して歩いた。クアラルンプール郊外に着いた。緑いっぱいの芝生はゴルフ場のように美しく、ゴミ一つ落ちていない。戦争をしているとは思えない平和な風景だった。

聞けば、後藤兵曹長は情報部の藤原中佐の遠縁にあたるという。副艦長が彼を案内人に選んだ理由がわかり、嬉しかった。私は藤原中佐を知らないから、面接したときに本人確認をどうすればよいか、その方法で悩んでいたのだった。

私を一日だけ中尉にするのだったら、せめて中佐にしてくれればと思ったりしたが、後

藤兵曹長からいろいろと藤原中佐の話を聞いているうちに、いつの間にか司令部に着いていた。

入口には憲兵が立っていたが、公用通行証を見せると、無事入室することができた。後藤兵曹長が中佐の部屋へ案内してくれた。

兵曹長は中佐に向かって言った。

「よう、久しぶりだな。元気だったか」

まるで部下に話している態度だ。山型善行章五本の威光はすごいと思った。

私は中佐に敬礼してから言った。

「本人確認を命令されています」

中佐は「了解している」と言って、内ポケットから写真入りの認識カードを見せてくれた。

私は中佐に向かって暗号文を二回暗誦した。こうして口頭での伝達は何事もなく成功したのである。

任務が終了したとき、兵曹長が街を案内してくれた。兵隊が五〇人ほど行列をなしていたので、何の行列かと聞くと、兵曹長は笑いながら教えてくれた。

「あれは売春婦と寝るために順番を待っている人です」

上陸が許可されたときに「思う存分、女を抱いてこい」と言われたことを思い出した。

「順番を待つと言いますが、五〇人も待っていたのでは日が暮れますね」

「そうでもないです。一人二、三分で終わるので、二時間ぐらいで五〇人完了します。売春婦は一人で五〇人を相手にしますから、売春婦が二〇人いれば一日何千人もの兵隊を満足させることができるのです」

上海の阿片窟のときと同じくらいビックリした。兵曹長はなおも話してくれた。

「女の寝台は足のほうに少し傾斜していて、敷布はゴム製になっています。兵隊の精液が女の陰部から噴き出してゴムの敷布の上を通り、足元のタンクに収納される仕組みになっています。女は裸で寝ていて、兵隊が一分ぐらいで終わると、入口の番兵が『はい、次!』と呼ぶのです。五〇人ぐらいだったら一時間で完了します。二時間働くと、一時間休息。女の役割が終わると、洗浄班が水道ホースを膣に挿入して洗浄し、ゴム敷布を取り替えるのです。女は体を洗ってもらうと従軍看護婦の服を着て、颯爽と街へ遊びに出て行くのです」

このほか、満員のときは四人の兵を同時に満足させる、部屋が足りないときは立って行う、といった話をしてくれた。

明日には戦死する――そう覚悟している兵隊たちの心の中を垣間見る思いがした。

任務が早く終わったので、帰艦途中にあるペナン島に上陸して蛇寺を見に行った。広い庭園の一角に、直径五〇センチ、高さ一〇メートルの丸柱が六本あり、蛇の絵が彫刻してあったが、それが動いているように見えた。しかし、よく見ると実は彫刻ではなく、生きている蛇が無数に巻き付いていたのだった。

寺の入口の左側に小さな部屋があった。扉がなく、入口にはムシロが掛けてあった。中をそっとのぞいてみると、老婆が一人いた。私は中国語で話しかけた。

「ニントゥンクイホワー、チドーブチドウ？（中国語わかりますか）ニンチエゴテーハンションマスー？（ここで貴方《あなた》は何をしているのですか）」

老婆は次のように話してくれた。

「この島にライ病者がいる。その患者を治療しているのです。治療の方法は、蛇を呼び、その蛇が患者の体に巻き付いてウミを吸い出すというものです」

戦後、蛇寺がテレビで放映されたが、蛇は一匹もいなかった。

それから艦に帰り、暗号文伝達が成功したことを報告した。そして後日、善行章二本の褒賞を受けたのである。

艦が停泊中は缶清掃だ。これが大変だった。

第三缶室の火を落としてドストル（火格子）の上に板を敷き、這いながら中に潜って奥の灰を汲み出す作業である。

第二・第四と隣の缶はゴーゴーと燃えている。熱いどころではない。体中の血が煮えたぎるようだ。酸素が足りないので口をいっぱいに開け、金魚のようにパクパク呼吸しなければ持たない。海軍用語の中に「パクパクさせてやるぞ」という言葉があるのだが、その語源である。

航行中、三時間の当直が終わると、海水のシャワー（真水は使用禁止されている）で体を流す。次の当直まで自由時間だった。上甲板に上がって外気を胸いっぱいに吸う。缶室の空気とは大違いだ。

水兵は甘い空気の中で機銃や雷管（潜水艦攻撃用）の手入れをしていた。うらやましい限りだ。けんかのとき、「このコロッパス！」と言うことがあるのだが、コロッパスとは缶兵のことである。艦が沈むとき、水兵は千に一つ助かる見込みがあるが、缶兵は必ず死ぬ。最低の職場だった。

ピーポーと笛が鳴った。

「戦闘配置に付け！」

機関室に戻って作業していたとき、魚雷攻撃を受け、私は吹き飛ばされた。海水が津波のように流れ込んできた。すごい圧力だ。映画では室内の状況が見えるが、実際には真っ暗で何も見えない。通路のドアに丸窓式の脱出口があるのだが、真っ暗でその方角がわからない。

兵隊たちの悲痛な叫び声が聞えていた。再び魚雷攻撃を受けた。私は再度跳ね飛ばされたが、脱出口の前だったので、なんとか脱出に成功することができた。

その直後、「手空きは上甲板に上れ！」と伝令通告があったので、上甲板に向かった。垂直に近いラッタル（階段）を何度も上り、上甲板に出た。通常なら上甲板から海面まで一五メートルの距離があるのだが、いまは五メートルしかない。艦が沈んでいるのだ。

甲板には兵隊の死骸が散乱していた。一人の兵隊の腹が引き裂けて腸が蛇のように飛び出していた。休みなく二〇キロ爆弾が投下され、その度に兵隊の手足がバラバラ降ってきた。と、そこに四五〇キロ大型爆弾が直撃して、私は海へ吹き飛ばされてしまった。

海の中から上を見ると、海面が五メートルぐらい頭上にあるのがわかった。衣類が邪魔をして浮上するのが大変だったが、なんとか海面に出て浮流物につかまることができた。

私の船は艦首を上にして沈みつつあった。錨の巻き上げ口から艦内の空気や蒸気が吐き出されていて、まるで怪物の鼻の穴のようだった。兵員三〇〇〇名を艦内に残したまま、船は二万メートルの海溝へと沈んでいった。

味方の駆逐艦が近づいてきて漂流者を救助していたが、敵潜水艦の攻撃を受けたので私は取り残されてしまった。重油の海の中で死を待つしかなかった。

グラマンが数十機、急降下してきた。漂流者を皆殺しにするためだ。グラマンの機銃は一分間に六〇〇〇発という高い発射能力を持っている。その機銃の弾がしのつく雨のように降ってきて、私のつかまっている浮流物に無数の穴があいた。

「間もなく死ぬのに弾の無駄使いだ。馬鹿野郎！」

と叫んでやった。

その銃撃で漂流者はみんな死んだ。私の周囲には生存者は見えなかった。私と同じように浮流物に一匹のネズミがしがみついていた。

「お前を助ける者はだれも来ない。早く死ね」

そう私はネズミに言ったが、ネズミのほうも同じことを私に叫んでいたことだろう。

こうして私は、助けられる見込みのない漂流を十一時間も続けたのである。全身、重油で真っ黒だったから、フカの攻撃はなかった。だが、しだいに感覚が薄らいでいった。美花《メイホン》、玉千代、そして小野敏子のことが脳裏をかすめていった。

「大恩ある人」だなんて忠義ぶっていないで、みんな抱いて寝ればよかった。しかし、こうして安らかに死ねるのは忠義ぶったからだ。一四歳のときに死ぬはずだったから、その後七年間も生きられたことに感謝しなければ……。

眠気が襲ってきて、ウトウトし始めた。死が迫ってきたのだ。眠ったら死ぬ。海の上に浮かんでいれば、どこかの島に漂流して美女たちが私を抱き上げてくれるかもしれない。

そのとき美花《メイホン》の声が聞えてきた。

「ニンシャーンタイブーシンナ（貴方《あなた》の考え方は大間違いです）。ほかのお嬢さんを抱きたいなどと思わないでください。私が抱いてあげる……」

幻覚の中で息絶えんとすると、また美花《メイホン》の声が聞こえてくる。その声に励まされ、十一時間も生き長らえることができた。そして、たまたま航海していた駆逐艦に私は助けられたのだった。

シンガポールのセレター軍港で、呉への転属命令が出た。

私は聖川丸（五〇〇〇トン）に便乗して、呉へと向かった。

台湾が見えたころ、私を乗せた船は浮流機雷に接触した。船の前方部分が沈み、後ろのほうはスクリューが半分海面へ上がった状態になったため、空回転しながら運航した。

途中、潜水艦に発見されて魚雷攻撃を受けた。二本の雷跡が見えた。台湾が見えていたので私は飛び込む準備をしていたが、船のスピードが遅かったため、魚雷は船を素通りしていった。敵が計算を誤ったのだ。しかし、次はやられるだろう。そう思っていたが、いくら待っても魚雷は発射されなかった。ボロ船だったから、敵は弾を打つだけ損だと思ったのだろう。その点を考えると、ボロ船にも長所はあるとみえる。

なんとか台湾に着き、超大型船・浅間丸に乗り換えて呉に向かった。航路は敵船と浮流機雷で一杯である。しかも、今度はボロ船ではない。飛行機の護衛もない。危険この上ない航海である。敵に発見されたら終わりだ。

だが、もしそうなったらフィリピン沖で死んだと思えばよい。今日は生き延びても明日は死ぬ。メイファーズ……。そんな気持ちで上甲板を歩いていた。

浅間丸は、かつて大金持ちの人たちを乗せてアメリカ航路を行き来した船だ。その一等甲板の上を私は歩いている。

しばらく歩いていると、巨大なプールが見えてきた。近づいてプールの側壁を見ると、全面大理石で飾られていることがわかった。さぞや名のある画家が描いたのであろう。その大理石には水着姿のグラマーな美女の群れが描かれてあった。とはいえ、プールには優雅な雰囲気はみじんも感じられない。というのは、その壁に無数の丸太が無造作に突き刺さっていて、プール全体が倉庫に改造されていたからだ。

二〇〇メートルもある甲板通路に小さなテントが一〇〇個も設置されていて、一五～二〇名の兵隊が収容されていた。

海面を見ると、浮流機雷が西瓜《すいか》を浮かべたようにフワフワと流れていた。船はその機雷の中をクネクネと航行しつづけている。

ここで船が沈んだら、日本までは到底泳げない。ここが私の死に場所であったか。ずいぶん遠回りしておるわい――そんなことを考えていた。

だが、浅間丸は長崎港に到着した。あれだけの機雷をやり過ごして日本までたどり着くとは……。また一つ奇跡に遭遇したのだ。その浅間丸は数日後、沖縄沖で沈んだ。

上海へ行くとき、そして小野敏子と別れるとき……と、長崎港は私にとってたくさんの思い出が残っている港である。翌日の朝七時まで自由行動が許されたので、私は岸壁に腰を下ろして南の海を見ていた。

予科練の若者が敵艦に体当たりして、今も続々と死んでいることだろう。浅間丸で知り合った一六歳の予科練の生徒は、三保予科練習学校の飛行予科練習生だった。三〇〇〇人もの練習生が飛び立っていったが、帰ってきた者はいなかった。彼らは燃料を片道分だけ積んでもらって、竹トンボのようなボロ飛行機に乗り込んだのだ。いったいどんな気持ちで飛び立っていったのだろう。だが、彼らには死に場所が与えられた。明日、呉に帰れば私の死に場所が決まるだろう。

長崎港よ、さよなら……。

呉海兵団に帰ったとき、受付にいた軍曹がこんなことを言った。

「お前は戦に破れた生き残りの落人だ。言い替えれば死にぞこないだ。前科者を収容している兵舎は、この突き当たりにある。そこの第八分隊に行け。その分隊にいる白水一等兵が隊長だ。丁寧に挨拶せよ」

私は兵長になっていたので、なぜ一等兵に挨拶しなければならないのか不思議に思った。

軍隊には絶対的なルールがある。上官の命令は天皇の命令でもある。兵長は一等兵にとって上官である。その上官が一等兵に頭を下げるなどといった話は聞いたことがない。しかし、受付の軍曹の命令だから、守らねばならぬ。

兵舎に入ると、軍曹級から一等兵まで含めて五〇人ほどいて、甲板掃除をしていた。教壇のような三〇センチほどの高さの台場があり、その上に白水一等兵があぐらをかいてキセルでタバコをふかしていた（兵舎内では禁じられている）。

私が、入口で教えられたとおりに挨拶をすると、

「そうか。よく生きていた。でも、すぐ死ぬよ。次の命令が出るまでゆっくり休め」

白水はそう言うと、またタバコをふかした。

数日後、一人の兵長が頭アップル（コブだらけという意味）で帰ってきた。

「おい、そのアップルはどうしたのだ？」

白水が尋ねた。

「はい、昨日ＰＭ2、見回りの大尉に欠礼して注意を受けたのです」

と兵長が答えた。

白水が卓上の電話機を手に取って何か言うと、ほどなくして当事者である大尉と少将がやってきた。白水は言った。

「第八分隊は俺の分隊だよ。間もなく死ぬ兵隊を休ませているんだ。見回り将校どもに、第八分隊の兵隊は見逃してやれと通達してほしい」

この事件以降、頭アップルはなくなった。

こんなこともあった。

善行章二本の兵長がずぶ濡れになって帰ってきた。

「どうしたのだ？」

白水の質問に兵長が答えた。

「雨ガッパを使用しなかったのです」

「なぜだ？」

「カッパを使用すると、第八分隊のマークも二本の山型も見えないからです」

「おお、それはいい心がけだ。お前は第八分隊の名誉を守ったのだ。お前の認識表を提出せよ」

後日、この兵長に善行章が一本贈られたが、本人はその理由を知らなかった。

白水一等兵が善行章三本の兵長を従兵にして外出するとき、舷門にいた数名の士官が敬礼していた。士官たちは白水の部下だったのだ。三銃士のダルタニアンのようだと思った。白水の腕には六本の善行章が輝いていた。

分隊での作業の始めに全員が号令台に集合すると、補充命令が下される。命令を受けた者は、兵隊が少なくなった戦地へ補充されていくのだ。こうして、次々と死に場所へ転属しては消えていった。


その日も、いつもどおり号令台の前に並んでいた。私は、二列目の前から一〇番目にいた。すぐ後ろの十一番目が河野兵長だった。河野が、前が見えにくいから交代してくれと言うので交代してやった。

そのとき、号令台にいた曹長が言った。

「補充命令を通達する。二列一番から一〇番まで前に出ろ。貴様たちは明朝0600、戦艦大和に搭乗を命ず」

河野一郎は後ろを振り向いて私を見た。

「西村、俺は大和に乗るぞ！」

ニコッと笑って去っていった。

数日後、戦艦大和は沖縄戦に参加して沈んだ。河野の死に場所は大和だった。私の死に場所だったのに、と悔やまれた。

戦艦大和が瀬戸内海を出て間もなく、ピーポーと笛が鳴ったという。海軍では、艦内の音が高いので笛を使用していた。ピーポーは「総員」の合図で、このピーポーが鳴ると、将官でも例外なく直立不動の姿勢となって号令を聞かなくてはならない。

「総員、上甲板に集合！」

「この艦は敵の攻撃を阻止するため、沖縄港で自爆する。全員日本国のために死んでくれ」

大和の艦長はそう言ったという。河野はどんな気持ちだったろう……。

補充命令が終わると別の曹長が号令台に上がり、「○○の心得のある者は前に出ろ」と言うことがよくあった。それから、それぞれの作業に就くのだ。

ある日のこと、

「散髪の心得のある者は前に出ろ！」

と指示があり、私は兵舎にゴロゴロしているよりはと思い、心得はなかったが前に出て作業に就いた。

軍曹殿の散髪をすることになった。が、大変だった。なにしろ目の前に出された散髪道具といえば、持ち手が三〇センチもあるバリカンで、左手を固定して右手だけを動かして散髪するという、一〇〇年も昔に使われたと思われるような代物だったのだ。心得があるどころか、見たこともない道具だ。しかし、文句を言っていられないので、私は木の枝を切る方法で両手を動かした。

「痛い、痛い。お前は心得がないではないか。馬鹿野郎！　そこの包丁でも研げ！」軍曹に怒鳴《どな》られ、それから包丁を毎日研いでいた。そのお陰で、後年、研ぎ物の達人になった。

翌日、私に山口県光市にある光特攻隊への転属命令が出た。

朝五時、小さな漁船に乗って呉を出た。岸辺に点々と明かりが見える。あの明かりの下で世にも美しいお嬢さまが寝ていて、私がそうっと布団の中へ入っていったら喜ぶかしら。それとも軍曹に怒鳴られたように「馬鹿者、出て行け！」と言われるかな。いやそんなことはない。前者の方に違いない。私は美少年だから（当時はハンサムだった）……。

そんなことを思っている間に、光特攻隊に着いた。私の仕事は、人間魚雷の先端に注入する液体酸素を製造する作業だった。直径三メートル、長さ一五メートルの鉄管に空気を送る。圧力が加算されていくと水になる。その水を注入するのだが、バルブの開け閉めのときに少量の液体酸素が飛び出すので危険な仕事だった。液体酸素は、魚雷の爆発力を百倍にするほど威力がある。

しかし、人間魚雷に乗る人はもっと危険だ。いや、危険どころではない。魚雷を装備した一人乗りの小型潜水艇に乗って敵艦に突っ込んでいくのだから、確実に死んでしまう。これを考えた馬鹿者は自分が乗ればよいのだ、と思った。

魚雷を積み込んだ潜水艦に、五人の若者が水さかずきしてから乗り込み、沖縄へと向かった。そこが彼らの死に場所だった。兵舎には周囲の壁に何枚も遺影が飾ってあった。

特攻隊の隣は光工作工場だ。ここが空襲爆撃を受けた。

工場には杭木の形をした大きな鉄材が数千本あったが、それが空一面に木箸のように跳ね飛ばされた。大型爆弾が落ちた跡は直径二〇メートル、深さ一〇メートルの巨大な穴になっていた。

その穴の中で、生き延びた兵隊が一人、蟻地獄の蟻のようにもがいていた。私は体にロープを巻き付けて飛び込み、助けてやった。その兵隊は西村孝夫といって、私の村の出身者だった。

挺身隊のお嬢さんたちが、衣類をもぎとられ、半裸体で全身血まみれになりながら逃げ場を求めて走り回っていた。どうすることもできなかった。

兵舎に戻ると、空爆を受けたときに私が寝ていた枕が、左右に銃弾を受けて穴が開いているのに気づいた。下に降りて見ると、その銃弾が通路のガラスに二本の痕跡を残してヒビ割れていた。よく弾が当たらなかったものだ。

すでに焼け野原になっているのに、その夜も再度、空襲があった。私たちは近くの室積という海岸に避難していた。爆弾がヒュウヒュウと音を立てながら落ちてくる。自分の頭に当たるように思えた。

挺身隊のお嬢さんが、「恐ろしい、恐ろしい」と言って私に抱きついてくるので、抱き締めてあげた。美花《メイホン》の命令に逆らって女性を抱き締めたが、こうした状況だから美花《メイホン》も許してくれるだろう。

その翌日、八月六日の朝八時ごろ、広島に原爆が投下された。私たちは、放射能で汚染されていることも知らずに、トラック一〇台で広島に救助に向かった。現場を見て驚いた。なんということだ。何万人もの人が焼き殺されている。大虐殺そのものだ。

瀕死の重傷者を拾い上げ、近くの焼け残った家へ運んだ。しかし、手当ての方法がない。結局、次々と死んでいった。

防空壕を開けてみたら、多くの人が蝋人形のように焼けもしないで死んでいた。広島駅には避難者があふれ、線路上では避難者が力尽きて死んでいる。その死骸が糞尿の山の中に無数に散乱している。私たちはバラバラになった死骸をトラックに積み込み、海辺に運んでいった。

第六章　どん底生活

遺体の除去作業などを終えて本隊に帰ると、終戦となった。

軍隊倉が開放され、何を持って帰ってもよいという通達があったので、毛布を袋にして物資をどんどん押し込み、山のような荷物を背中にしょって浜坂に帰った。

愛宕山が見えた。恋に破れ、ボロボロになった私を抱いてくれた山だ。上海へ逃亡したときのことが思い出される。生きて帰ってきたのだ。「九死に一生」という言葉があるが、「百死に一生」と書き換えたいほどの奇跡だった。

美花《メイホン》、紅花《ホンホン》、そして水花《スイホン》。西村は帰って来たぞ。私が息絶えんとしたとき、美花《メイホン》は再度助けてくれた。ありがとう。国交断絶で会いには行けないが、幸せでいてください……。

私は支那のほうへ向かって頭を下げた。

玄関の戸を開けた。

「ただ今帰りました」

「ヤーヤー、帰って来たか！」

父が出迎えてくれた。

「お前の艦が沈んだとき、機関兵は万に一つ助からないという理由で役場から戦死の通達があった。役場に行って誤報を取り消してこい。それから、宇都野神社に行って、戦死者の写真の中からお前の写真を引き下げてこい」

懐かしい宇都野神社には、一〇〇人近い戦死者の写真が飾られていた。その中から、セーラー服姿の一等兵の自分の写真を取り出した。幼さの残る自分の顔をいつまでも見つめていた。

食べ物も仕事もないので、海岸で漁師の手伝いをさせてもらって少しの魚を求め、大阪梅田の闇市場で軍隊の衣類と交換し、さらにそれを米に交換するなど物々交換をして糊口をしのいでいた。

闇市場は、中華民国のマークを腕と胸に付けた人たちが牛耳っている。私は闇市の本部に行き、徐州から来た流れ者だと中国語で説明してマークをもらった。そのお陰で商売がスムーズにできた。

何人かの中国人に、上海や徐州などの様子を聞いてみた。彼らが言うには、日本人商社はバラバラにされ、女性は拉致・強姦されて殺されたという。中国人商社も金品を略奪されたと言った。通源公司の様子を聞いてみたが、知る人はいなかった。また、徐州地方のことはわからなかった。

少し預金ができたので市場の一部を買い、ゼンザイを売り出した。砂糖が買えないのでズルチン（火薬の原料）を使用した。商売は繁盛して数人を使用するまでに至ったが、日本人であることがバレそうになったので店を閉めた。

大阪から浜坂に帰り、塩炊き（製塩業）をしたが、いい商売にはならない。

そこで、芋から取った澱粉で飴を作り、付近で祭りがあるときには道端にゴザを敷いて、「さあさあ、本当の飴だ。一度食べたら忘れられない。残り少ないぞ。今のうち～」と、客寄せの口上を並べ立てて飴売りをした。

かつて徐州で何億もの大金を持ち、何千人もの中国人を使用していたときの西村の姿はここにはなかった。西村土木の大親分も、汗かきながら荷車を引いた。親子には共通点があるものだ。

浜坂から一時間ほどで着く鳥取の祭りで、自転車の荷台に飴樽を乗せて客待ちしていたときのことである。赤いスーツを着た男がゴルフクラブをステッキ代わりにしながら私の前に来た。

「おい、お前はここをなんと心得ているか。神様の御前だぞ。博物館でも見ることのできないボロ自転車を持ち込み、飴を売るとは何事だ。罰が当たるぞ。場代として一〇〇円を置いて消えろ。グズグズしていると壊れた自転車をもっと壊してやる」

私は直立不動の姿勢で謝り、その場を立ち去った。飴を五円売って一〇〇円取られた。これでは採算が合わない。

飴の原料となる芋を作ったこともある。家の前にある空山《そらやま》の一〇〇〇メートル登った所を開墾して芋を作ったが、収穫が困難を極めた。

結局、芋作りをやめて芋を買いに行った。最終列車に乗り遅れたので農家の納屋に潜り込んで寝たが、犬に尻を噛み付かれ、命からがら逃げてきた。

飴売り、芋作り、芋買い、塩作り……泥棒以外はなんでもやった。

その頃、私に縁談話が持ち上がった。相手は、岡清という屋号の料亭の一人娘で、どことなく美花《メイホン》を思い出す美人だった。私は三男坊だったので、婿になって名前が変わることは問題なかった。

こうして、私は旧姓の西村から現在の岡部になったのである。

結婚してすぐに長男に恵まれた。しかし、問題があった。婿に入った先が料亭であるにもかかわらず、私はまったく料理を作ることができなかったことと、酒のにおいをかいだだけで酔ってしまうことだった。

それで、結局婿入りしたにもかかわらず料亭を継ぐことができず、仕事を探すため妻と子を残し、五千円のお金を手に一人上京した。

上京してはみたものの、身を寄せるところがなかったので、まずは駅の待合所を宿舎にして職を探した。就職の面接で「住所は駅の待合所です」と答えたとき、「この馬鹿野郎。出て行け！」と塩をまかれた。

待合所では駄目だとわかり、ボロ家の四畳半を借りて職を探した。やっと酒屋のセールスマンに採用された。ところが、酒を飲んだことのない私は、匂いで酔ってしまったのである。店長に、「匂いで酔うような奴は出て行け！」と怒鳴られ、クビになってしまった。

手持ちの資金がいよいよ心細くなってきた。浜坂に帰る旅費もない。一日生きるために、コッペパンがカチンカチンになるまで保存して噛んでいたが、半分はネズミに取られてしまった。

捨てられているタバコを拾って新聞紙に包んで吸った。「そうまでして吸うな」と乞食に注意された。

俺の死に場所はここか……。自分が乗るはずだった戦艦大和に乗って死んでいった河野一郎に、してやられたと思った。

戦後の混乱期は、これといった産業がないため、仕事がなかった。しかも戦争で生き延びた人々が東京に流れ込み、大変な就職難だった。求人広告を見て、その会社に合わせてデタラメな履歴書を書いて面接試験を受けたものだ。

私は小学校しか出ていないので学歴がない。当然、就職では不利になる。

あるとき、履歴書に神戸商業高校卒と書いて提出したが、運悪く担当者が神戸商業出身であったため、すぐウソがバレてしまい、不合格となった。

そこで今度は、知られていない田舎の大学を出たと書いたが、その学校の校長の名前を聞かれ、しどろもどろになってまたウソがバレてしまった。

かといって、「小学校だけです」と本当のことを言うと、「小学校だけではこの会社の仕事は無理だ」と言われ、不合格となる。

住んでいる場所が駅のベンチだと言っては不合格。採用されそうになっても保証人がないので不合格。電車賃がなく歩いて回っていたため靴が破れ、足の指が出ていたので不合格……。

これではもうどうにもならんと困っていたとき、リヤカーを押して残り屑《くず》を拾っている人を見かけた。私は思い切って声をかけた。

「貴方《あなた》の弟子にしてくれませんか?」

その屑屋は篠崎という人だった。篠崎は言った。

「お前はわしの弟子になりたいのか」

「弟子にしてくだされば何でもします」

「ふむ。…どうやらおまえは見込みがありそうだ。よし、弟子にしてやる。わしについて来い」

やっと屑屋の弟子に採用された。

篠崎の家は畑の一角にあった。自分が建てたと言っていたが、部屋の中は板敷で、ダンボールを畳代わりにしていた。歩くと家がギッタンバッタンと動く風流な建て方だった。

「今は成功したが、食い物には困ったものだ。お前、何も食べていないだろ。ここに犬が食べた残飯がある。これを食え」

篠崎はそう言うと、ドロ混じりの食べ物を出してくれた。犬が残すぐらいだから美味いとは言えなかったが、弟子にさせてもらうためにはと思って泥ごと飲み込んだ。

「屑屋という仕事は、捨てられた物資を生かすのだから立派な仕事だ。英語ではルンペンと称賛されている。ルンペンになりきるには、時に応じて衣装を考えねばならぬ。このような手ぬぐいを頭にかぶる」

篠崎は、豆絞り模様の手ぬぐいを被ってみせた。

その夜は庭の隅でムシロを被って寝て、翌日からルンペンの仕事をさせてもらった。

「昼の間は普通の手ぬぐいでよい。豆絞り模様は夜だけだ」

篠原の指示どおりに手ぬぐいをかぶって町を歩いていると、鉄屑が至る所に捨てられていた。それをリヤカーに載せ、荷物が一杯になったので篠崎の家に引いて帰った。

夜になると、豆絞り模様の手ぬぐいに取り替えて隣の垣根の隙間から中に潜り込んだ。

篠原がある場所を指して「ここを掘れ」と言うので、手スコで掘った。安全カミソリの歯が埋められていた。

「この金属はモリブデンといって、金のような値で売れるのだ。実は数日前に埋めているのを見ていたんだよ」

篠原は得意げに話した。

それから数日後、青森に鉄屑を取りに行くというので青森港に行った。

「どこに鉄屑があるのですか」

「あの海底だよ。戦争で船が沈んで鉄屑になっているのだ」

不思議に思って聞いてみた。

「沈んでいる船をどうやって引き上げるのですか」

「それはわしではできない。ほかの人が引き上げるのを待つのだ。その夜に、豆絞り模様の手ぬぐいが役に立つのだ」

二日、三日と待ったが、船は引き上げられなかった。

「情報に誤りがあった」

篠崎はそう言い、私たちは東京に戻った。

私は考えた。篠崎は狂っている。弟子に採用されたが、これはルンペンではなく、ただの泥棒だ。これではついて行けない。私はルンペンを辞職した。

第七章　復活への道

昭和二十四年ごろになると、東京はめざましい復興を開始していた。東京タワーの建設が計画され、多くの企業が活気に満ちていた。

ある日、神保町のとあるベンチに腰をかけていたとき、風に吹かれて一枚の新聞紙が落ちてきたので、何気なく拾って見た。

求人広告に、「経理一〇年経験者求む」とあった。

私と言えば、靴から足の指がのぞいていたし、経理のケの字も知らなかったが、とりあえずその会社に面接に行った。担当者が予科練の出身者だったので、戦争時代の話で盛り上がり、気に入ってもらって採用された。

その日の食費もなかったので、給料の前借りを申し出た。すると、

「お前は死に損ないの兵隊だけあって見上げたものだ。それでこそ日本軍人だ。よし、くれてやる。持っていけ。これで靴でも買え」

と言って、二〇〇〇円出してくれた。

入社したその会社は会計事務所で、さまざまな企業に出向して経理の補佐をするのが仕事だった。経理一〇年のベテランとして入社したからには、経理ができなければならない。これからが大変だ。

毎日一時間早く出勤して税務署に寄り、法人税係長にお願いして税務署の監査を通る経理の極意を教えてもらうことにした。そうして、出入金伝票及び振替伝票、貸借対照表、損益計算書作成の実務の勉強をした。

それをもとに、多種類の勘定科目の発生と消滅を一枚の振替伝票に記入すると月集計表作成に困難を生じるので、一件一項目に改正をしながら、独自の経理方式を考案した。それにより、毎日でも毎月でも簡単に貸借対照表、損益計算書が作成できるようになり、会社の運営状態を管理できるようになった。

こうして、一カ月で税務署に認められる経理方法を習得したのである。

その経験をもとに、ある日、経理事務機の販売をしている会社の係長に向かって以下のように進言した。

「係長、これはご提案ですが、従来の振替伝票をやめて一件ごとに伝票を作成する方式に替えたほうがいいと思いますよ。そのほうが機械の入力が簡単になり、その日の貸借対照ができます。また、貸方《かしかた》の言い方をやめてタイホーとし、借方《かりかた》をシャクホーとすべきだと思います。その理由は、貸借対照表の貸借の読み方は〝たいしゃく〟だからです。訓読みと音読みをごちゃごちゃにするのは変だと思います」

それが認められて、事務所に二五万円もする機械の寄贈を受けた。

次に、事務所の社長から化粧品店の経理を担当するよう命じられた。商品の種類四千種、同じ商品でも仕入単価が異なる。万引きもある。これでは、期末在庫品が商品受払簿残高に合うはずがない。そこで、全商品を番号に変換し、同じ商品でも単価が異なる時は記号をつけた商品受払簿に仕入、売上のたびに記入し、期末に帳簿残高と棚卸残高の相違を雑損として修正するようにした。

その後も、社長の依頼を受けて得意先数社の経理を担当した。その他、株式増資、会社設立登記等、司法書士の仕事も行った。

このようにして、後年、自分の会社である浜坂工業株式会社の設立の基礎を学んでいったのである。

また、仕事で使用していたそろばんは昔のそろばんで、上の玉が二つ、下の玉が五つあった。それは大変使いづらく、間違いのもとでもあった。そこでそろばんをばらし、上の玉は一つ、下の玉は四つに改造した。今はパソコンの時代なのでそろばんの使用者は減少しているが、現在のそろばんはすべて四つ玉である。また、振替伝票記入方式も一行一項目式となっている。これらの開発者を知る人はいない。

私の郷土、浜坂は、縫い針、魚針、蓄音機針が唯一の産業だった。勤めていた事務所の社長の了解を得て、蓄音機の針の個人販売を始めた。二番目の兄が浜坂の金属会社で働いていたので、兄に頼んで針製造会社に発注し、東京のレコード店で委託販売を開始した。針は、硬くなく柔らかくなく、レコード盤の損傷を少なくするように製造してもらったが、納品が間に合わない程よく売れた。

当初は資金も少なかったので、会社の勤務終了後、かばんに入れて市電（路面電車で、当時は玉電と言った。現在の東急新玉川線）に乗って納品した。

あるとき、市電の通路にかばんを置いていると、乗降者の一人が邪魔になるので取り除

けようとして、

「なんじゃ、このかばんは。動かないじゃないか。鋲で床に留めてあるのか」

と言った。それほど重かったのだ。渋谷から三軒茶屋までは一区間だが、次の駅に行くと電車賃が二倍になるので重いかばんを持って歩いた。靴のかかとが片側ばかりが減るので、たまに左右を逆にして靴の減りを均等にしたものだった。

三宅坂で自転車を降り、押しながら歩いていたとき、朝日新聞のマークをひるがえしながらハーレーがエンジン音をうならして追い越していった。
私は羨ましく思い、見えなくなるまで眺めていた。
「よし、今にハーレーで東京中を乗り回してやるぞ！」
その思いは、後年になって実現する。何年か後に、七五〇ＣＣの陸王というバイクの中古を手に入れ、次に一二〇〇CCのハーレーを求めた。そして、銀座十字屋をはじめ、都内五〇〇店にハーレーに乗って卸売りした。

一方、化粧品店の業務は商品番号制により在庫管理がたやすくなり、在庫オーバーや品切れの防止となって、経営は向上していった。客の応対、店内外の清掃、社員の交流等、総務全般を西村式に改め、全社員の絶大な信認を得ていた。会社に多大な貢献をし、順調に進んでいた時、またしても大きな事件に遭遇した。

それは、私の経歴のウソが会社にばれてクビになってしまったのだ。私の学歴は小学校卒だが、応募した時、経理の経験もないにもかかわらず経験ありと履歴書に偽りを書いたのである。

多くのことを勉強させていただきありがとう、と、心でお礼を言って会社の門を出た。その間、わずか半年たらずであった。また、お世話になった税務署に立ち寄り、先生方にお別れの挨拶をした。

帰りぎわ、五反田駅のホームで大都会の街を見ていた。多くの会社があるのに、私を雇ってくれる会社はない。学歴は小学校卒なのだ。

その時、また、不思議な声が聞こえてきた。

「おまえは人に使ってもらうことを考えているが、それは間違っている。おまえしかできない大きな義務があるのだ。まず自分の会社をつくれ。そして、人々を助ける仕事をするのだ」

これはおそらく、谷口政雄の声だったのに違いない。

第八章　瀕死からの生還

東京オリンピックが開催されたのは昭和三十九年（一九六四年）、その頃三種の神器と言われる冷蔵庫、テレビ、洗濯機が飛ぶように売れていた。街には歌謡曲が流れ、レコードがよく売れていた。

会社から追放されて自由になったこともあり、針の販売が加速された。

一千万円の資本ができたので、それを元手に昭和三十八年、浜坂工業株式会社を設立した。プラスチック製品の製造会社である。針をばらで仕入れて独自の容器をつくることにした。

まず、二〇〇本入プラスチック容器を考案して製造会社に発注した。製造工程を見学させてもらったが、まず金型を作り、射出成型機でプラスチック材料（ペレット）をシリンダーで溶かし、それを金型に注入する方式であった。これだと、プラスチックの色替えの際、旧材料がシリンダー内に残っているため、旧材料が全部押し出されるまで新材料を無駄に流してしまうことになる。係りの者は、旧材料がちょっとでも新製品に混入すると商品が不良となるので、こうして無駄流しするのだと言った。

この色替えは、時間がかかって大変な作業だ。ちっぽけな会社には小物の商品が多くて色替えが多く、とても困っていた。

私はその時、これだ、と思った。例によってひらめきが脳裡をかすめたのである。短時間で色替えできる流し材料（後のハマックス洗浄剤）を開発すれば、東京だけでも何百軒もあるプラスチック成型会社がすべて取引先になる。それはやがて、日本中、世界中の会社に貢献することになる。

ようし、この洗浄剤を開発してみよう、と思った。射出成型機が世に出てから三十年、誰にもできなかったのだから不可能かもしれない。でもやってやろうと思い、研究を始めた。ガラス管の内壁が汚れていると、水を流すだけでは汚れは取れない。新聞紙を小さくちぎり、水にぬらして棒で押し込めばきれいに取れる。シリンダー内は複雑な突起がたくさんあるから、流動性が必要である。サラサラしすぎてもだめだし、硬すぎてもだめ。二〇〇度で半溶解するプラスチック材料を探さなければならなかった。

針の訪問販売で東京中を歩くかたわら、捨てられているプラスチック製品を拾い集めて二〇〇度に加熱してみたが、溶けすぎてしまう。溶けないで柔らかくなる材料を見つけ出すことは至難のわざだった。

あるとき、ごみ捨て場の石油缶に座って休んでいた。ふと石油缶のラベルを見ると、プラスチック硬化ガラスと読めた。その缶を持って帰り、缶を壊して中を見てみると、硬化したプラスチックが残っていた。それをハンマーで砕いて加熱してみた。少量をシリンダーに入れ、二〇〇度に加熱してスクリューを動かし、射出してみた。見事に流れた。これだ、探していたものが見つかったのだ。

こうして、その原材料を元に念願の洗浄剤「ハマックス」を開発したのである。

その後、プラスチック成型機を持つ多くの会社をまわり、色替えの研修会を行った。私の家族、西村清二（甥）、西村純治（甥）、西村元（甥）、西村群（甥の子）、岡部清洋（長男）、岡部由美子（長女）、岡部八重子（妻）らの協力により、浜坂工業株式会社は順調に成長していった。

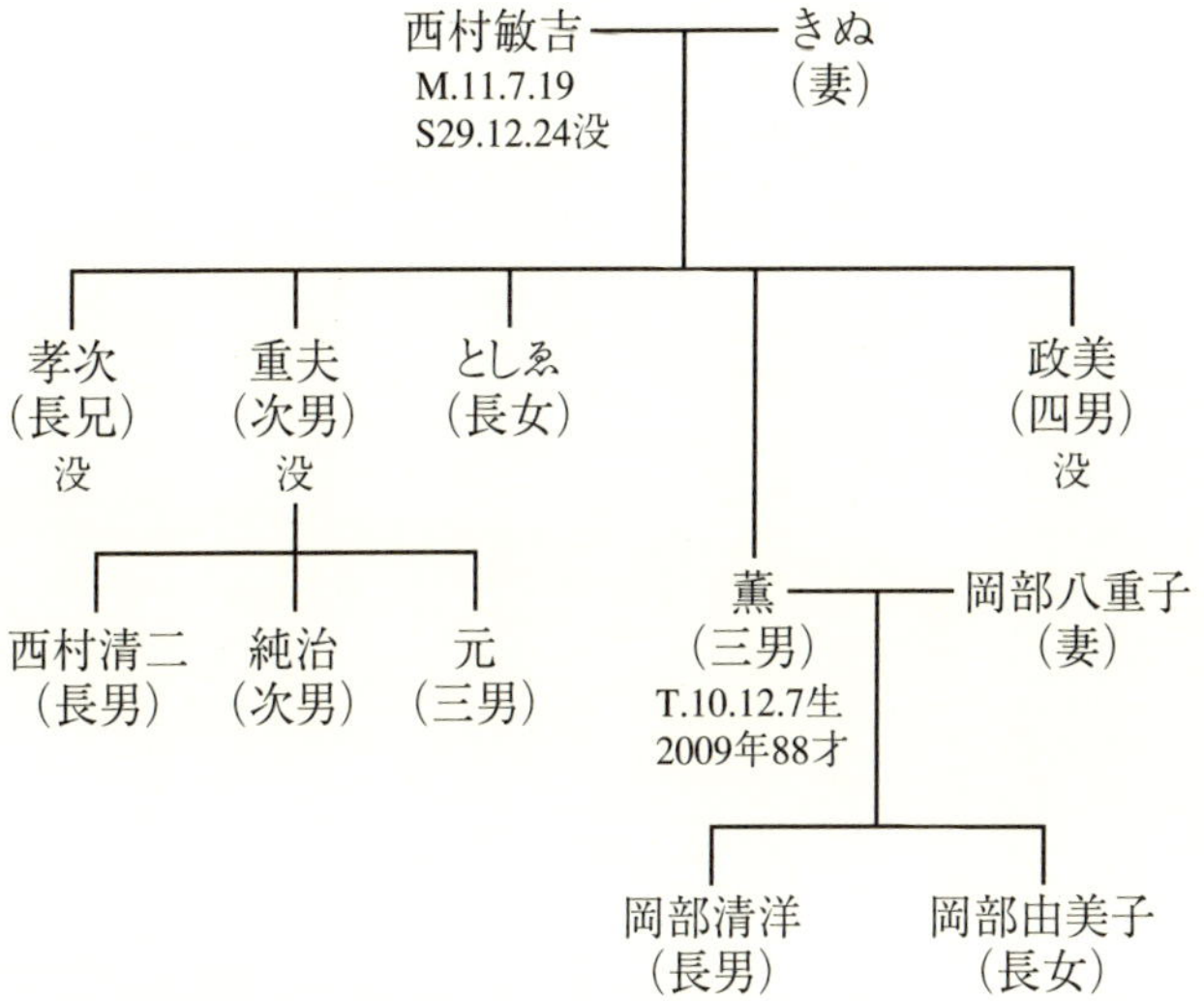

浜坂工業株式会社が軌道にのり、躍進を続けていた昭和四十八年、私の体調が崩れ始めた。食欲減退、喘息発作による呼吸困難、睡眠不良、便秘、皮膚病、血圧低下、冷え症、痒み……。病院に助けを求めたが、一時的に症状を抑える薬しかもらえず、病状は日に日に悪くなっていった。

そうしたある日、西村家の先祖の法事のため、浜坂に帰る事になった。体調はすぐれなかったが、車を運転して、妻と一緒に浜坂に向かった。

なんとか法事を終えて、呉まで足をのばす事にした。私がいた呉海兵団（海軍自衛隊）を妻に見せたかったからだ。

呉に着いたのが午後七時ごろだったの

で、海兵団には明日行くことにしようと思い、車のリクライニングシートを倒して寝ようとした。

ところが、疲れているせいか喘息の発作の前兆が来た。今発作が起きても、発作止めの薬はもう飲めない。この薬は大変な劇薬なのだが、咳が止まらなかったため、一錠が二錠、三錠と服用量が多くなり、その時点では一七錠にもなっていたからだ。心臓は破裂寸前で、毎分一二〇回も鼓動していた。

リクライニングシートを元に戻すと、喘息の発作が止まった。しかし、シートを倒すとまた発作が始まる。これでは寝ることができない。

「眠れないから、車を出すよ」

妻にそう言って、私は目的もなく車を走らせた。

Y字の交差点に差しかかると、車は左へ進路をとった。自分の意思で左を選択したわけではなかった。今度はT字路が見えてきた。さて、右にとるか左にとるか。T字路に着いたとき、〝自動操縦〟のように車は右にカーブした。

もちろん、行き先がないのだから案内板を見る必要がない。

「何者かが運転している。どこへ連れて行くのだろうか……」

車は右に左にと、まるで自在に、どこまでもどこまでも走り続けていった。しばらく行くと車が止まった。見ると、ガソリンスタンドの目の前だった。燃料を補充しろということか。この自動操縦者はガソリンの状況までわかっているようだ。

「面白くなってきた。こんな変なことってあるんだなぁ……」

ガソリンを補充して、できあがったばかりの四車線の高速道路に出た。車は一台も走っていない。私の独占道路だ。

しばらく走ったころ、車はスピードを落として左側に寄り、高速道路から旧道に降りていった。旧道から上のほうに目をやると、自分が今走ってきた高速道路が見えた。驚いた。高速道路は途中で寸断されていて、橋が工事中だったのだ。「自動操縦者」は、初めての道路でも、途中で寸断されていることを認識していたのだ。

私以外に高速道路を車が走っていなかったのは、建設中を知らせる案内板がどこかに掲示されていたからだろう。しかし、私にはわからなかった。もし自分の意思で運転していたら、朦朧《もうろう》としていたから案内板も見ずに道路から転落していたかもしれない。

やがて車は旧道から上がって、元の道路に戻った。一時間ほど走ったころ、峠の頂上で止まったので車を止め外に出た。夜が明けようとしていた。

足元を見ると、深い谷に朝もやが立ち込め、その下にアーク灯が一〇個ほど光り輝いていた。海の底の竜宮城のように美しく見えた。その光景が深く印象に残っていたので、後年その場所を探したが、見つからなかった。幻覚だったのかもしれない。

車に戻ってエンジンをかけた。自動操縦とはいっても、エンジンは勝手にかからないのだ。

三〇分走った。車は直角に右に曲がり、とある広場に停車した。見ると、目の前に別府温泉の銭湯があった。広島県の呉から大分県の別府温泉まで、「自動操縦者」は私たちを遠くまで連れて来てくれたのだ。

銭湯の従業員がのれんを出していた。

「入っていいですか」

「いいですよ。でもずいぶん早いですね。どこから来ましたか」

「呉から来ました」

そう答えてのれんをくぐり、私は妻に言った。

「ときどき様子を見に来てくれ」

風呂にはもちろんだれもいなかった。広さ六畳ほどもある湯船の湯がゴーゴーと音を立てて溢れていた。

湯船の窓向うには広い庭園が見える。とても豪華な風呂だった。その豪華な風呂を私一人が独占していた。王様になった気分だった。

二日間も眠れなかったし、浜坂からずっと走り続けていたこともあって、体は綿のように疲れきっていた。

湯に入った。とても気持ちがよい。

「だれがここまで案内してくれたのだろうか……」

そんなことを考えながら、風呂から上がろうとした。

ふと見やると、湯船の縁《ふち》から湯が溢れ、大量に外へと流れ出ている。なんとはなしに、体をその縁の上に寝そべらせてみた。不思議なことに発作の前兆がない。眠れるかもしれない……。と、そのまま意識を失ってしまった。

妻がときどき私の様子を見に来たという。何時間も死んだように眠っていたそうだ。

目が覚めた。

「あれ？　眠れたぞ」

なぜ眠れたのか……。きっと温泉の湯のお陰だ。喘息の発作が起きなかったのだ。

この体験が元になって、私は数年後、独自の健康入湯剤を開発することになる。――病に侵《おか》されない健康法を、人類のために開発すること。これこそが、谷口政雄の指示だったのに違いない。

東京に戻った私は、まず人体について徹底的に勉強しはじめた。神保町の古本屋をまわり、医学に関する本を片っ端から読んだ。

天才少年だったころは、本を読めばすべてが頭の中に写り暗記もできたが、中耳炎を患ってからそれもできなくなった。しかし、本を読む力は残っていた。

多くの医学書を読んで、人体が天文学的な精度を持った機械であること、それを統率しているのが自律神経であることが理解できた。

南山堂の医学事典には、何万という種類の病気が記載されているが、すべて「自律神経失調による」と結ばれている。だとしたら、この自律神経の失調を治すことができれば、何万という病気も私の病気も治るはずだ。私は一つの光を見つけたような気がした。自律神経失調を治す方法はどの医学書にも載っていないが、政雄が「人類のために」と言ったのは、「自律神経失調症を治す療法を見つけ出せ」ということだったに違いない。

そこで、症例を一つひとつ読んでみた。すると、どの病気も胃腸機能の低下によって自律神経失調になり、それが病気をつくっていることがわかった。

さらに、胃腸機能の低下の原因を追究してみると、胃腸の汚れであることが判明した。したがって、自律神経失調症を治すには、胃腸の汚れを一掃することが第一となる。私は探し求めていた答えに近づきつつあるのを感じていた。

それにしても、食べた物を消化・排泄する過程で、胃腸はどのように汚れてしまうのだろうか。胃腸の汚れの状態を調べるために、イヌ、ネコ、ネズミ、ウサギなどの小動物の胃腸を解剖してみた。すると、食物の残滓が胃腸全面に付着しているのがわかった。

それらの汚れは、ピンセットで除去できるものもあれば、取れないものもあった。無理に取ろうとすると、胃腸の壁までもぎ取れて穴が開いてしまうのだ。食物のカスが石のように堅くなって胃腸の内壁に食い込んでいるのを見たとき、愕然としたものである。

小動物でさえこの有り様である。ましてや小動物よりも長生きをし、大量の食べ物を摂取している人間の場合は、胃腸がどんな状態になっているか十分予測できよう。

考えてみれば、まっすぐに伸びた水道管ですら長い年月が経つとサビや水アカで詰まってしまうのだから、複雑に曲がりくねり、無数のデコボコがある私たちの胃腸に汚れが付着したら、それがスムーズに排出されていくはずはない。

たとえば、人間の腸の内壁には、じゅうたんの毛のような柔毛《じゅうもう》がぎっしり密集していて、それが私たちの体内に養分を取り込む大切な役割をしているのだが、その反面、食べ物の残りカスが絨毛に引っかかると、そこにカスがたまってしまい、消化の流れを悪くするばかりか養分の吸収力をも弱めてしまうのである。

腸をきれいにするなら、宿便取りをすればよいのではないか、と考える人もいるだろう。宿便というのは、腸壁にこびり付いている汚れカスだが、よく耳にする民間療法——たとえば断食療法、米ぬか療法、ハトムギ療法、あるいは肛門から大量の水を注入したり繊維質の多い食べ物を多く摂るといった療法などでも、すべての汚れがきれいに除去できるというものではないのである。

胃腸の壁に汚れが付着して何年もすると、食物のカスは石のように堅くなって筋肉組織に食い込んでしまうので、断食しようが繊維質の多い食物を食べようが、汚れは取れないのだ。小動物の例でも見たように、石のように堅くなって胃腸の壁に食い込んでしまったカスは、無理矢理はがそうとすると内壁まで取らなくてはならないほど頑固な状態になっている。一般に伝わる宿便取りの民間療法では手に負えないシロモノなのである。

「これではどうしようもない。何か打つ手はないものだろうか……」

なかばあきらめつつも、めげずにいろいろ調べてみることにした。

鳥の胃腸も小動物と同じような状態なのだろうか。あまり期待もせずに、今度は小鳥の胃腸を調べてみた。ハト、スズメ、ジュウシマツ、インコなどを解剖してみて驚いた。なんと小鳥たちには胃腸の汚れが見られないのである。

いったいどうして汚れていないのか。おそらく、食べ物のカスが胃腸の壁にこびりつかないのは、食べ物を摂取したあとに養分の吸収とカスの排泄がスムーズに行なわれているからではないだろうか。

そこで今度は、小鳥たちの便通状態を入念に観察してみることにした。

すると、面白いことが判明した。たとえばハトの場合、一日に一〇〇回も便をするのである。しかも乾いた便ではなく、水様の便である。スズメも同じく水様の便で、一日に八〇回も排便する。

この小鳥たちと同じように、水様の便を一日にできるだけ多く排出することができれば、胃腸はきれいな状態を保つことができるに違いない。私はそう考えたのである。

胃や腸にこびり付いている化石のように堅くなった食べ物のカスを取るには、まずは柔らかくする必要がある。そのためには、胃腸内に水分が二時間ほど残留するようにすればよいだろう。二時間も水分が残っていれば、それが石のように堅くなっている汚れカスに浸入して柔らかくする。水分を吸収したカスは膨張して胃腸の壁からはがれやすくなるから、掃除しやすくなるのである。

私たちの体は、飲料水を胃腸で吸収して腎臓に送り、尿にして余分な水分を捨てている。したがって、胃腸の水分吸収活動を二時間ほど休ませてやると、水分が胃腸に残って汚れカスに浸透していくはずだ。

そんな考えから、私は、重質酸化マグネシウムを採用することにした。重質酸化マグネシウムは顆粒状になっているから、粉末の炭酸マグネシウムより容量が少なくてすむ。だいたい四分の一の量だ。それによって腸の中に水をとどめ、水漬けにして宿便を溶解させよう、という発想である。つまり、重質酸化マグネシウムで腸の中をせきとめて、おなかのなかに人工ダムを作ってやるのだ。

しかし、重質酸化マグネシウムは、そのまま大量に飲むと腸閉塞を起こす恐れがある。そこで、私はまたまた考え込んでしまった。

これは、錠剤の形にしなければならない。そして、腸内の宿便を取る働きのある植物繊維を重質酸化マグネシウムにかぶせてみたらどうだろうか。これならば腸閉塞を起こすことなく、無事に肛門から排泄されるかもしれない――そう考えて、セルロース（植物繊維）を重質酸化マグネシウムに含有させてみた。

私が自分の体で試してみた生体実験は、大成功だった。おなかの中に首尾よく人工ダムができたのである。そのうえ、重質酸化マグネシウムは、一般の薬品とはちがって副作用というものがほとんどない。人工ダムでたくわえられた水によって腸壁にこびりついた宿便がふやけて溶解され、ドバーッと排泄されてきたのだった。

とはいえ、小鳥たちのように一日に一〇〇回も排便があるとしたら、間違いなく私たちの日常生活は支障をきたしてしまう。それを考慮して、睡眠を妨げずに一日五回の排便で済むよう、重質酸化マグネシウムの服用量と時間を調整していった。

そうした試行錯誤の結果、私は約一年でほとんどの汚れを除去することができたのである。Z《ゼット》式宿便清掃健康法の誕生である。

次に私は、皮膚呼吸孔の掃除法の研究に着手した。なぜ皮膚呼吸孔に着目したのかというと、自律神経にイオンを送り込む必要があるからだ。少し詳しく説明しよう。

先ほど私は、多くの医学書を読んで、人体が天文学的な精度を持った機械であることがわかったと述べたが、その精密機械を動かしているコントロールセンターが、実は自律神経なのである。

たとえば、私たちが食べ物を口に入れたときに唾液が分泌されるが、これは自分の意思でやっていることではない。自律神経の指令によって唾液が分泌されるのである。食べた物が食道を通過するときに肺のほうに行かないよう、気管支の道をすぐに閉じてしまうのも、自律神経の指令である。食べた物が胃へ下りてきたときに胃の入り口のドアが開くのも、また、胃の入り口のドアを閉めて食べた物が逆流しないようにしているのも自律神経の働きだ。

胃腸で消化した養分を肝臓へ送るのも自律神経なら、肝臓でグリコーゲンにして寸分の狂いもなく各器官に必要量を送り届けているのも自律神経である。それらの働きは私たちの意思によるものではない。

人間は一生の間に約三〇億回も心臓のポンプを動かしているが、それを動かしているのも自律神経である。「オレには関係ないよ」と言っても、自律神経がちゃんと規則正しく、順序よく、寸分の間違いもなく、私たちの体の中を支配し、動かしてくれているわけである。

ところが、この超正確無比な働きをしている自律神経も、あるものが欠乏するとたちまち手のつけられない暴君と化し、私たちの体の中は大混乱を起こすのだ。

その「あるもの」とは何かというと、イオンなのである。

体内のイオンが欠乏すると、私たちの精密工場は、ちょうどベルトコンベアーのベルトが外れた状態になって右往左往し、循環器や内臓器官はもちろんのこと、皮膚組織にも異常をきたし、私たちの持っている抵抗力、自己治癒力まで奪ってしまうのである。元素は水に溶解するとイオンになる。そのイオンは、ほとんどが土の中にあると考えてよい。植物はそのイオンを吸い上げて育つ。

イオンを吸収して育った植物を、牛や馬、ブタなど草食動物が食べる。それをまた人間が食べる。こうした自然の食物連鎖によって、私たちは無意識のうちにイオンを取り入れているのである。

加えて、私たちは口から取り入れているだけではなく、皮膚からもイオンを取り入れている。

人間は、半透膜というきわめて通気性に富んだ着物（皮膚）を着ており、その網の目からもイオンを取り入れているのである。イオンも水も、その網の目よりも小さいので、自由に通過することができるのだ。

ところが、イオンを皮膚から吸収しているとはいっても、現実には皮膚呼吸孔が目詰まりしているために、完全には吸収していないのが実情である。

なぜそう言えるかというと、無数にある汗腺の穴が胎児のときにすでに半分は目詰まりしていることがわかったからだ。汗腺孔は皮膚呼吸孔よりも大きい。その汗腺孔が生まれたときにすでに目詰まりしているなら、汗腺孔よりも小さい皮膚呼吸孔も目詰まりしていることは明らかである。

汗腺孔にイオンを侵入させると、汗腺を詰まらせていた汚れが膨張分解する。この行程を続けていくと、詰まっている穴も、詰まりつつある穴も掃除することができる。イオンが汗腺孔を掃除できるのは、汗腺の穴よりイオンのほうがはるかに小さいからだ。もちろん汗腺孔だけではない。イオンは汗腺孔よりも小さい皮膚呼吸孔をも掃除してしまうのである。

ここで思い出してもらいたいのは、私が別府温泉の銭湯で喘息の発作もなくぐっすり眠れたという事実である。

なぜ温泉の湯に浸かってぐっすり眠れたのか。私はその後の研究によって、温泉に含まれるイオンが汗腺孔や皮膚呼吸孔の掃除をしてくれたこと、それと同時に体に必要なイオンが体内に入ってきたことによって自律神経の働きが活発になったという結論に達したのである。

たしかに、ほとんどの温泉にはイオンが含まれている。しかし、だからといって温泉に入れば必ず自律神経の失調が改善されるというわけでもない。

いろいろ試行錯誤を繰り返してわかったのは、ただ単に温泉に入ればいいというものではない。イオンが汗腺孔と皮膚呼吸孔を掃除できるような入浴の仕方をしなければならないのだ。

こうして研究を重ねていって、ついに私は自らの体を使ってイオンによる入湯療法を確立したのである。これがZ《ゼット》式イオン入湯法である。

かつて、スペースシャトルのたった一本のビスの締め忘れから、宇宙飛行士が爆死したことがある。目立たないものほど大きな役割を持っているものだ。皮膚呼吸孔の掃除は人の健康上重要なことなのだが、注目する人もなく忘れられているのである。

胃腸をきれいにする宿便清掃法と、汗腺孔および皮膚呼吸孔をきれいにするイオン入湯法を用いた健康法を、私は「Z《ゼット》式健康法」と名づけた。

そのZ式健康法に欠かせない宿便清掃用の瀉下薬「イオナミン」と、イオン入湯剤「ハマックスZ」の製造・販売の許可を厚生労働省（当時は厚生省）からもらうのにも、大変な苦労をした。

医薬品を製造・販売するには工場が必要だが、建物の構造基準をはじめ法律上の非常に細かい規定に従わなければならない。

工場ができたら、次はそこでつくる薬である。半年がかりで私はみっちりとデータを算出し、調査報告書にまとめ、都庁へ持っていった。その後も、何度も何度も足を運んで都庁の薬務課でやっと受け付けてもらえた報告書が、今度は厚生省へ回され、そこでさらに厳重に審査される。やっと「製造してもよろしい」という認可を得たが、次は「販売してもよろしい」というお墨付きをもらわなければならない。もちろん、それなりの手続きが必要になってくる。

このような苦労の末に、イオナミンは「便秘及び腸内容物の排除に用いることを目的として調整された内服用薬用剤」として、入湯剤「ハマックスZ」も、「アセモ、荒れ性、うちみ、肩のこり、神経痛、湿疹、しもやけ、ただれ、冷え性、疲労回復、腰痛、リウマチに効く」医薬部外品として、厚生省の製造・販売認可を受けることができたのだった。

振り返ってみれば、Z式健康法を世に出すことができたのも、子どものころから持ち続けていた「なぜだろう?」という問題意識が常に未来への先導者となってくれたからだと思う。たとえば、こんな具合である。

一、「赤ん坊は誕生直後に黒便が出る。何も食べていないのになぜだろう?」
胎児は一〇カ月間、羊水の中で成長を続けている。成長のたびに脱皮が繰り返されているが、脱いだ皮膚細胞は羊水の中に浮遊している。いっぽうで、胎児は六カ月になると乳首を吸う練習を始める。自分の指を吸うのだが、このとき羊水の中に浮遊している皮膚細胞が胃腸の中に入って黒便となるのだ。この黒便が幽門を詰まらせると幽門狭窄症となる。また、胃腸内部に残留して宿便の始まりとなるのだ。

ちなみに私の孫は、母親が分娩した直後から幽門狭窄症となって発育が阻害されたのだが、手術はできないため、三歳になるまで流動食で過ごし、それまではどうすることもできなかった。私は宿便清掃で成功した経験を生かし、孫に少量ずつイオナミンを服用させた。一カ月後、青色混じりの宿便が大量に出て根治し、以降、服用を続けている。

二、「胎児の汗腺は生まれたときにすでに半分詰まっている。なぜだろう?」
この原因は、羊水の中に浮遊していた皮膚細胞の付着によるものである。それが汗腺孔に浸入して半分目詰まり状態になるのである。皮膚炎の元にもなる。

三、「皮膚呼吸孔について研究したが、資料が非常に少ないのはなぜだろう?」
皮膚呼吸は目立たないため、医師からあまりとりあげられない。たった一人だけ、汗腺を研究して学士院賞を授与された久野寧博士がいるが、理論だけに終わっているのは残念なことである。

久野博士によると、人の細胞総数は五〇兆といわれているが、皮膚呼吸孔は細胞数と同数であるから、その一〇パーセント(=五兆)の細胞が皮膚呼吸をしていることになる。頭の皮膚の細胞はそのうちのさらに一〇パーセント(=五〇〇〇億)だ。胎児のときに汗腺が半分目詰まりしていたのと同じ理論により、皮膚呼吸孔も半分目詰まりしていることになるが、特に頭の皮膚呼吸不足は酸欠となって中枢神経の基礎となっている海馬の働きを阻害し、自立神経を失調させるのである(久野寧著『汗の話』より)。

このように「なぜだろう？」の答えを追い求めた結果、Z式健康法を確立することができたが、叔父・谷口政雄との約束を果たすためには、それを自分だけのもので終わらせるわけにはいかなかった。「ぜひとも医薬品の許可をとらねばならぬ」という決意があったのだ。

民間人が医薬品の認可をとることは不可能に近いが、困難を承知のうえで私は挑戦し続けた。打錠機一つとっても、市販されている機械では製造できない。何度も機械の改良を重ねて打錠機を造り上げ、医薬品の認可を取得するまで一〇年の歳月を要したのである。

Z式健康法が世に出るようになってから、その効果はクチコミで広がり、多くの人々を助けることができた。そうした方々から多くの感謝のお手紙をいただいたのは、私にとってこの上ない喜びでもある。ご関心のある読者は、拙著『胃腸すっきり健康美人』（現代書林）『イオン不足は女性の大敵』（青人社）を読んでいただければ幸甚である。

おわりに

昭和五十八年十月のある日のこと、不思議な一本の電話があった。

「岡部さんですか。私は出版社の者です。実は、私の先輩にSさんという政・財界の大ボスがいるのですが、この先輩は、貴方《あなた》が開発されたZ《ゼット》式健康法によって三〇年間悩んでいた高血圧症を克服されたそうです。そこで、そのSさんより、『Z式健康法を応援してやってくれ』と頼まれました。

一つの本を出版するためには二〇〇〇万円かかります。その全費用を私が負担しますので、本を書いてくれませんか。引き受けてくださるなら、係の者を差し向けます」

私は電話を受けたとき、だれかのいたずら電話ではないだろうかと思った。無名の私に対して、「本の出版に二〇〇〇万円を投資する」と言うのだ。「初版は三万部刷る」とも言っていたのだが、信じられなかった。

電話が終わってから、その出版社が実在しているか否か、社長はだれなのか調べてみたところ、実在していることがわかった。社長の名前も電話をかけてきた人と同じだった。係の者を差し向けると言われたが、その係の人も実在していた。

何社か、他の出版社に聞いてみると、

「初版は普通、四～五〇〇〇部が常識である。最初から二万も三万も刷ることはない。無名の人の本を初版で三万部も刷るとなれば、宣伝をしないと売れないので、新聞に広告を出す必要がある。ある大手新聞の場合、一七センチ×三七センチの広告で一〇〇〇万円。三万部の制作費が一〇〇〇万円かかるので、合計二〇〇〇万円は必要だ」

と教えてくれた。なんということだ。すべてが本当だったのだ。

Z式健康法開発のため、私はそれまでに個人資金を全部使い果たしていたので、息が止まるほど嬉しかった。本を世に出すことによって、多くの人が病から救われるチャンスが広がるのだ。

私が自ら体験したことであるため、ライターの助けを借りずに書き上げた。

こうして、私の初めての著作が出版されることになったのである。

私を応援してくれた人に会いたかったが、出版社の人によると、それがだれかはあくまで内密にしてくれということで、会わせてはもらえなかった。出版した本は全部売れたそうだが、売れるか売れないかわからない本を三万部も出版してくれた人がいるのだ。会ったこともない人の協力で、本が三万部出版され、完売できたのは奇跡そのものだった。名もない人の本は普通、二〇〇〇部程度が限界とされているから、初版三万部は破格の部数だったのである。

これらの不思議な一連の出来事を思うとき、責任の重さを感じざるを得ない。

その昔、私は東大赤門の前で学生たちを羨望のまなざしで見つめていた。また、兄の友人である角帽の大学生を見てうらやましいとも思った。

しかし、日本での学歴はないとはいえ、人知れず刻苦勉励し、研究を重ねた結果、病を抱える多くの人々が健康を取り戻すことのできるZ式健康法を世に出したことで、当時私があこがれを抱いていた彼らに追いつき、さらには追い越したという自負心のようなものが今の私の中にあることは事実である。

実際、私の理論は日本よりも先に米国で認められ、一九九七年、国際学士賞の評議員より国際学士院特別名誉会員の称号を授与された。この称号は、「Fellow（フェロー）」といって、ロバート・ケネディをはじめ、キング牧師、ネルソン・マンデラなどに授与されて

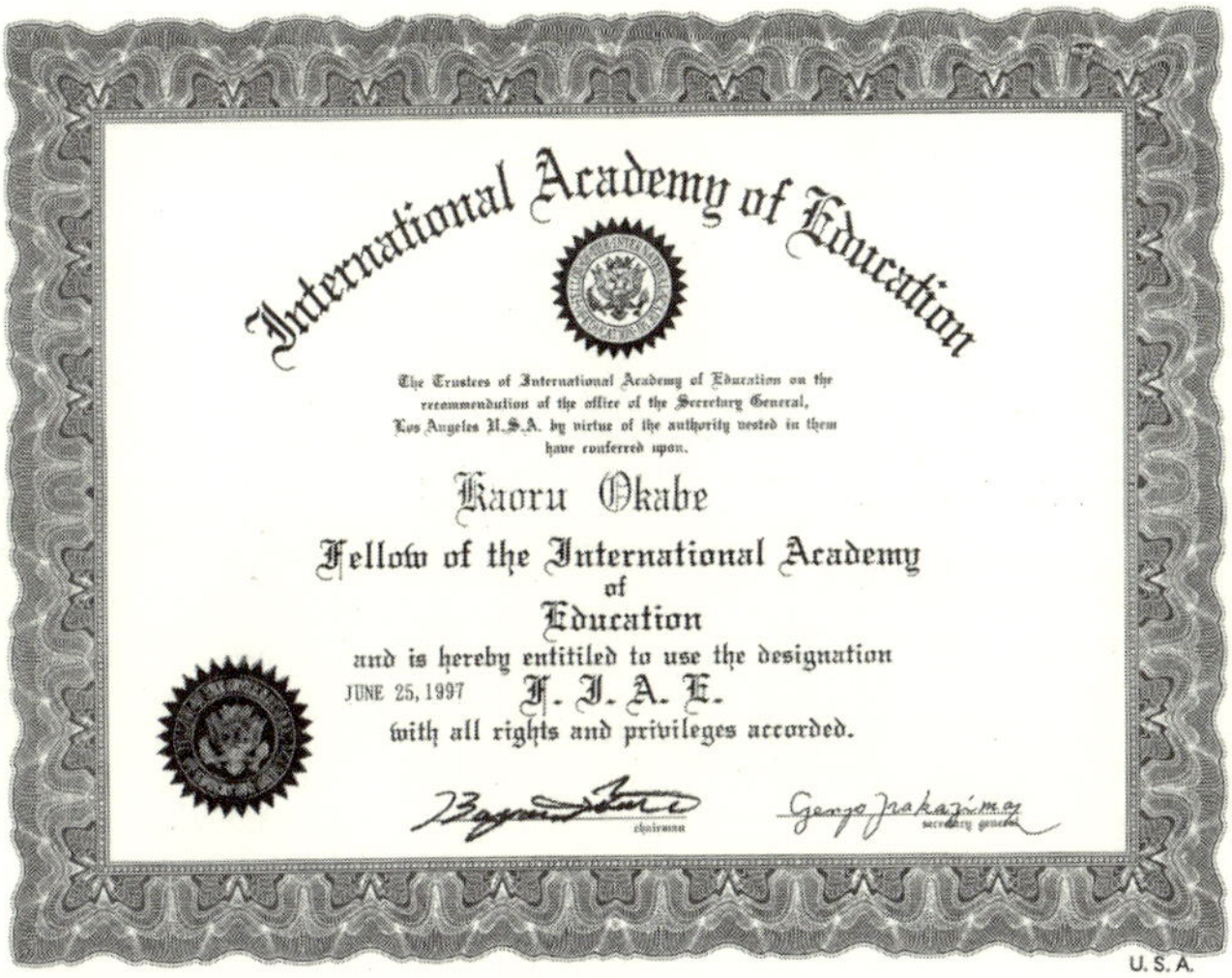
International Academy of Education

The Trustees of International Academy of Education on the recommendation of the office of the Secretary General, Los Angeles U.S.A. by virtue of the authority vested in them have conferred upon.

Kaoru Okabe

Fellow of the International Academy of Education

and is hereby entitiled to use the designation

JUNE 25, 1997

F. I. A. E.

with all rights and privileges accorded.

chairman

secretary general

U.S.A.

おり、終身名誉博士号であり、学者の中の学者として位置づけられる、大変名誉な称号である。

振り返ってみると、二つの火ノ玉、偶然出会った美花《メイホン》と玉千代、雨のように落ちてくる機銃掃射、十一時間に及ぶ漂流、谷口政雄の言葉、「自動操縦者」による別府への案内、出版社からの突然の電話……と、奇跡のような出来事が折り重なって私を導き、助け、大きな仕事を達成させてくれた。いってみれば、奇跡から成り立っているような人生だが、それらのどれひとつも私一人の力ではとうてい成し遂げることのできないものであった。改めて、大いなる力と私を取り巻くすべての人々に感謝の辞を捧げたい。

最後に、浜坂工業株式会社と株式会社Zイオン研究所について申し述べたい。浜坂工業株式会社は、プラスチック成型機械内部の洗浄剤の製造会社、株式会社Zイオン研究所は胃腸の洗浄をする医薬品製造会社、偶然にも両者とも目立たない部分の洗浄を司るが、いわば縁の下の力持ちで、本来はもっとも重要視されるべきものである。

これら洗浄剤の開発と、その使い方を研究して、現在、躍進を続けている。

私は、次の五項目を守るようにすれば躍進は止まることがないと信じている。

1、借入はなるべくしない。

2、支払手形の発行はしない。

3、買掛金は一ヶ月以上滞らせない。

4、前受金はしない。

5、全員がセールスマンとなる。

小さな会社は社長も専務もいらない。全員平社員になって働くこと。そしてお客さまとの思いやりのある対応に重点を置くこと。これが、結果的に売上を上昇させる条件である。

著者プロフィール

岡部　薫（おかべ　かおる）

1921年（大正10年）、兵庫県美方郡浜坂町に生まれる。

17歳のとき、単身中国へ渡航。海州、徐州での体験を経て、入隊のため帰国。奇跡的に生き延び、1946年（昭和21年）に上京、独自の健康法の研究に着手。1978年（昭和53年）、イオン入湯剤「ハマックス」（医薬部外品）、さらに1983年（昭和57年）には、胃腸洗浄用瀉下剤「イオナミン」（医薬品）を開発。

1997年（平成9年）、国際学士賞の評議員より国際学士院特別名誉会員の称号を授与。この称号は、「Fellow《フェロー》」といって、ロバート・ケネディをはじめ、キング牧師、ネルソン・マンデラなどに授与されている終身名誉博士号であり、学者の中の学者として位置づけられる、大変名誉な称号である。

主な著書：『おなかのヘドロをとりなさい』（徳間書店）『おなかのヘドロは女性の大敵』（徳間書店）『イオン不足は女性の大敵』（青人社）『イオンは健康美を生む』（たま出版）他多数

★著者連絡先

〒158-0098

東京都世田谷区上用賀5-21-17　Zイオン研究所

電話　03-3709-5993

http://www.ion.ne.jp/z-ion/index.html

奇跡を生きた男の物語

2009年6月15日　初版第1刷発行

著　者　岡部　薫
発行者　韮澤 潤一郎
発行所　株式会社 たま出版
〒160-0004　東京都新宿区四谷4-28-20
電話　03-5369-3051（代表）
http://tamabook.com
振　替　00130-5-94804

印刷所　株式会社　エーヴィスシステムズ

ISBN978-4-8127-0275-8 C0011